50 einfache Dinge, die Sie tun können, um die Welt zu retten

Andreas Schlumberger

50 einfache Dinge, die Sie tun können, um die Welt zu retten,

und wie Sie dabei Geld sparen

Mit einem Vorwort von
Ernst Ulrich von Weizsäcker

Westend Verlag

Andreas Schlumberger, Jahrgang 1967, studierte Biologie und arbeitet seit Mitte der 90er Jahre als Umweltjournalist und Berater für Kommunikationskonzepte zur nachhaltigen Entwicklung. In dieser Zeit war er u. a. als leitender Redakteur einer Fachzeitschrift und als freier Autor tätig. Aus seiner journalistischen Arbeit besitzt er eine umfassende Kenntnis ökologischer Diskussionsinhalte. Aufgrund diverser Beratungsprojekte gelingt es ihm, eine Brücke von der Theorie der Umweltwissenschaften in die Praxis des Alltags zu schlagen.
In den *50 einfachen Dingen* fasst er leicht verständlich zusammen, wie wir genau jene Konzepte in die Tat umsetzen können, die in Wissenschaft und Politik zum Schutz unserer Zukunft gefordert werden.

Die Deutsche Bibliothek verzeichnet diese Publikation in der Deutschen Nationalbibliografie. Detaillierte bibliografische Daten sind im Internet über http://dnb.ddb.de abrufbar.
ISBN 3-938060-01-8

Umschlaggestaltung: Moni Port, Labor, Frankfurt/Main
Gedruckt auf EnviroTop 100 % Altpapier, siehe Kapitel 46: *Teures Papier*
Printed in Germany

Inhalt

Alles im Grünen Bereich

Clever unterwegs

Gut Essen und Trinken

Lifestyle

Die Welt retten – es rechnet sich!

Es ist schon ein gewaltiger Anspruch, mit dem der Titel dieses Buches konfrontiert. Aber ein Blick auf die teilweise verblüffend einfachen und allesamt sinnvollen Tipps zeigt, wie es gemeint ist und dass es gehen kann. Weil alle diese Vorschläge dazu taugen, den Verbrauchern das Gefühl der eigenen Ohnmacht im Angesicht der gravierenden Umweltprobleme zu nehmen; weil sie zeigen, welchen konkreten Beitrag jeder Einzelne für Klimaschutz, Ressourcenschonung und Abfallvermeidung in den Bereichen Haus und Garten, Ernährung, Mobilität und Freizeit leisten kann.

Dieses Buch hat aber noch eine zweite Botschaft: Dass sich mit einem derart vernünftigen Verhalten sogar Geld sparen lässt. Am relativ banalen Beispiel der Energiesparlampe ist das besonders anschaulich zu vermitteln. So bringt eine einzige dieser Lampen, wenn alles gut geht, bei einer Leistung von 11 Watt und 10 000 Betriebsstunden gegenüber einer herkömmlichen Glühlampe eine Einsparung von 480 Kilowattstunden und 312 Kilogramm CO_2 für die Umwelt und 65 Euro für den Geldbeutel. Das ist Öko-Effizienz in ihrer besten Form: Wenn deutlich wird, wie ohne Verlust an Lebensqualität eine Entlastung der Umwelt erreicht werden kann bei gleichzeitiger Senkung der Kosten.

Dieser doppelte Nutzen beschert dem Buch die Chance, viele Menschen zum Umdenken und zu einem anderen Handeln anzuregen.

Insofern ist dieses Buch auch keinesfalls als Alternative zu den klaren Aufträgen an die Entscheider in Politik und Wirtschaft zu verstehen, es ist vielmehr ein wichtiger – und nicht ganz uneigennütziger – Flankenschutz für die lange Auseinandersetzung um den Schutz der Lebensgrundlagen künftiger Generationen. Was ja nicht mehr und nicht weniger heißt, als die Welt zu retten.

In diesem Sinne wünsche ich dem Buch eine möglichst große Verbreitung – und den darin enthaltenen Tipps eine möglichst umfassende Anwendung.

Ernst Ulrich von Weizsäcker

Home sweet Home

Mit Energie gegen den Klimakollaps

Die Klimaveränderung – da sind sich die Experten staatenübergreifend einig – kommt, ja ist schon im Gange. Wir stehen mittlerweile nicht mehr vor der Aufgabe, sie abzuwenden, sondern vielmehr, ihr Ausmaß zu begrenzen und Strategien zu entwickeln uns anzupassen.
Jeder weiß, dass der Mensch einen großen Anteil an der fortschreitenden Klimaerwärmung hat und dass deren Folgen sich wiederum negativ auf die Menschheit auswirken werden. Für Mitteleuropa sind zunehmend extreme Wetterereignisse wie Stürme und auch extreme Witterungsperioden, z. B. Dürren oder Fluten, zu erwarten. Besonders stark dürften voraussichtlich die alpinen Regionen unter dem Klimawandel leiden.
Die wichtigste Rolle bei diesem Vorgang spielen die Verbrennungsgase Kohlendioxid und Kohlenmonoxid, die etwa 60 Prozent des menschengemachten Treibhauseffekts bewirken. Weitere Treibhausgase sind Methan und die FCKW. Unser Umgang mit Energie muss daher dem Ziel folgen, den Ausstoß von Kohlendioxid und anderen Klimagasen möglichst gering zu halten. Natürlich müssen wir auch weiterhin unsere Wohnung heizen oder unterwegs sein, nur eben viel effizienter.
Das *Zwischenstaatliche Gremium für Klimawandel* (Intergovernmental Panel on Climate Change, IPCC) hat errechnet, dass die globale Temperatur jährlich um nicht mehr als 0,01 °C steigen darf, wenn sich die Ökosysteme ohne katastrophale Brüche anpassen können sollen. Das bedeutet, dass jedem Menschen nicht mehr als etwa 5 Kilogramm Kohlendioxid pro Tag zustehen. Diese Menge hat man aber allein schon mit einer Autofahrt von 26 Kilometern verursacht! Die Deutschen als hochentwickelte Industrienation kommen im Jahr auf 10 bis 11 Tonnen Kohlendioxid-Ausstoß pro Kopf, die Österreicher auf 8 und die Schweizer auf 6. Letztere erwirtschaften ihren Wohlstand eher durch Dienstleistungen als durch produzierendes Gewerbe. Dafür importieren sie mehr energieintensive Produkte, die entsprechenden CO_2-Emissionen entstehen lediglich anderswo. Eine Studie der OECD, die diese „grauen Emissionen" berücksichtigt, kommt auch für die Schweiz auf einen hohen Wert von

10,6 Tonnen CO_2 pro Kopf und Jahr. Wie man es auch dreht und wendet: Klimaverträglich wären maximal 1,8 Tonnen – weltweit für jeden.

Energieformen

Im Hausgebrauch sind vor allem zwei Energieformen von Bedeutung: Wärmeenergie zum Heizen und der Alleskönner Strom. Wärme wird zum größten Teil mit Heizanlagen vor Ort hergestellt, während Strom dezentral produziert und über ein weltweites Netz an die Haushalte verteilt wird. Das liegt vor allem daran, dass sich Strom in großen Mengen wirtschaftlicher erzeugen und leichter über weite Strecken transportieren lässt als Wärme.

Wärme

Schon die Höhlenbewohner haben den Vorgang des Verbrennens genutzt, um Wärme zu erzeugen. Brennstoffe wie Erdöl, Gas oder Holz stecken voller Energie (genauer gesagt ihre Molekülverbindungen auf der Basis von Kohlenstoff), an die man herankommt, indem man sie verbrennt. Hierbei verbindet sich der Kohlenstoff des Brennstoffs mit dem Sauerstoff der Luft (Oxidation) und die Energie, welche die Moleküle des Brennmaterials zusammenhält, wird als Wärme freigesetzt. Leider aber eben nicht nur Wärme, sondern unweigerlich auch das klimazerstörende Kohlendioxid und Luftschadstoffe.

Ein weiterer Nachteil der sogenannten fossilen Brennstoffe (Erdöl, Gas, Braun- und Steinkohle sowie ihre Weiterverarbeitungen zu Benzin oder Koks) ist ihr begrenztes Vorkommen. Sie gehen in absehbarer Zeit zur Neige. Aber vielleicht ist das ja auch gut so, denn so sind wir gezwungen, uns über klimaschonende Alternativen Gedanken zu machen.

Um an Brennstoffen – und damit auch an Heizkosten – sparen zu können, sollte man sich zunächst Klarheit über den eigenen Verbrauch verschaffen. Ein Leichtes für alle, die alleine wohnen und Zugang zur Gasuhr oder zum Ölstandsanzeiger haben. Etwas schwieriger ist dies bei Abrechnungen der Techem oder anderen Dienstleistern, da diese stets von einer Gesamtsumme in Euro für Verbrauch plus Servicekosten ausgehen und dann – sozusagen rückwärts – den zu zahlenden Betrag angeben. Lassen Sie sich dadurch nicht verwirren. Um den eigenen Verbrauch zu beziffern, gehen Sie wie folgt vor:

- Ziehen Sie zunächst die Servicekosten ab.
- Aus dem zu Grunde gelegten Brennstoffpreis (Öl wird in Litern, Gas in Kubikmetern abgerechnet) errechnen Sie die verbrauchte Brennstoffmenge.
- Aus dem Verhältnis von Gesamtquadratmeterzahl eines Mehrfamilienhauses zu eigener Wohnfläche und Gesamtzahl abgelesener Zählerstriche zu eigenen Zählerstrichen berechnen Sie schließlich, wie viel Brennstoffverbrauch Ihnen zugewiesen wurde.

Zu beachten ist auch noch, dass Sammelabrechnungen für Mehrfamilienhäuser anteilig einen Grundkosten- und einen variablen Verbrauchskostenanteil fest legen. (Die Heizkostenabrechnungsverordnung lässt drei Kombinationen zu, Verhältnis 30:70, 50:50 oder 70:30. In den meisten Fällen wird mit 50:50 gearbeitet.) Diese Aufteilung wird vorgenommen, um einen gewissen Ausgleich zwischen den Mietern zu schaffen, die in einer windumbrausten Ecke des Hauses wohnen, und jenen, deren Wohnung schön zentral im Block liegt und von den anderen „mitgeheizt" wird. Je nachdem, wie hoch ihr variabler Anteil ist, können Mieter ihre Kosten mehr oder weniger stark beeinflussen. Sie sollten beim Vermieter immer wieder darauf drängen, den variablen Anteil mit 70 Prozent und den Grundanteil mit 30 Prozent zu veranschlagen.
Eine wichtige Größe, die den Bezug zwischen Wärmebedarf und bewohnter Fläche herstellt, ist die Energiekennzahl oder auch der Energiekennwert: Um sie zu erhalten, teilen Sie Ihren gesamten Energiebedarf eines Jahres für Heizung und Warmwasser durch die versorgte Fläche; dabei gilt: 1 Liter Öl liefert 10,4 Kilowattstunden* (kWh), 1 Kubikmeter Gas liefert 10 kWh. Das Ergebnis in Kilowattstunden pro Quadratmeter und Jahr (kWh/m²) verrät Ihnen, wie effizient Sie zur Zeit die eingesetzte

* *Die Kilowattstunde dient als Maßeinheit für alle Energieformen. Mit ihr lässt sich auch der Energieinhalt eines Liters Öl oder eines Kilogramms Feuerholz in die Dauer einer Beleuchtung oder die Länge eines Fernsehabends übersetzen (siehe auch Seite 16).*

Energie ausnutzen. Der Stand der Technik ermöglicht heute Werte von etwa 80 bis 120 kWh/m² und Jahr, der Durchschnitt liegt bei – viel zu hohen – 220 bis 280 kWh/m².

Strom: elektrische Energie

Neben dem Verbrennen von Erdöl, Gas und Kohle kann auch aus Sonnenstrahlung, Wind und den Gezeiten Energie gewonnen werden. Leider eignen sich die sogenannten Primärenergieträger aber nur für bestimmte Anwendungen und sind außerdem schlecht zu transportieren. Da hilft Elektrizität. Sie lässt sich leicht umwandeln, ist transportabel und abgasfrei. Ein Nachteil der elektrischen Energie ist, dass sie nur in dem Moment verbraucht werden kann, in dem sie hergestellt wird bzw. sich nur unter hohem Aufwand speichern lässt. Um die Versorgung mit Strom zu gewährleisten, müssen Energieversorgungsunternehmen also stets mehr Energie erzeugen als tatsächlich gebraucht wird. Das zweite große Manko: Bis der Strom zu Hause ankommt, sind etwa zwei Drittel der ursprünglich eingesetzten Primärenergie als Wandlungsverluste verschwunden.

Der Löwenanteil des Stromangebots wird – bevor er aus der Steckdose kommt – von rotierenden elektromagnetischen Anlagen (Generatoren, Dynamos) erzeugt. In Schwung gebracht werden sie durch Verbrennung, Flüsse (oder seltener die Gezeiten) oder Wind. Bei der Kernspaltung wird die Energie aus den Kräften gewonnen, die die Atomkerne zusammenhalten. Dies erfordert besondere Sicherheitsvorkehrungen wegen der gleichzeitig entstehenden Strahlung.

Eine relativ junge Stromerzeugungsmethode ist die Photovoltaik. Hier entsteht der Strom dadurch, dass Licht Elektronen aus einem Trägermaterial „herauslöst", so dass sie sich frei bewegen und als Strom fließen können. Die Strommenge hängt dabei von der Beleuchtungsstärke und Menge des Lichts ab. Für die Aufklärung dieses „Photoelektrischen Effekts" erhielt Albert Einstein 1905 den Nobelpreis. Heute werden Solarzellen in großem Maßstab aus Silizium hergestellt, ihre Energieausbeute ist aber noch relativ gering.

Eine andere, neuere Variante sind Brennstoffzellen, die aus einem Brennstoff (meist Wasserstoff) und Sauerstoff (oft reicht der aus der Luft) auf elektrochemischem Weg direkt Strom produzieren können. Sie haben eine hohe Energieausbeute, produzieren wenig Schadstoffe, lassen sich für viele Leistungsklassen herstellen und arbeiten geräusch- und vibrationsfrei, was sie zum Hoffnungsträger zukünftiger Energiekonzepte macht.

Um Strom zu sparen, muss man auch hier zunächst den Verbrauch messen können. Die Maßeinheit hierfür ist die Kilowattstunde, die man aus der Stromrechnung kennt.* Bei der Beschreibung des Energiebedarfs möchte man nicht nur wissen, wie viel Energie, gemessen in Joule (J), zur Verfügung steht, sondern wie viel in welcher Zeit. Energie (bzw. Arbeit) pro Zeit nennt man Leistung und diese wird in der Größe Watt (W) angegeben. Eine 60-Watt-Glühbirne strahlt heller als eine 40-Watt-Birne, weil sie in der selben Zeit 20 Joule mehr Energie aufnehmen und in Licht verwandeln kann.

Wichtig ist aber auch, wie lange die Lampe brennt. Für die entsprechend benötigte Energiemenge multipliziert man die Wattzahl mit der Nutzungsdauer in Stunden. Brennt die 40-Watt Birne eine Stunde lang, verbraucht sie 40 Wattstunden. Da ein Watt eine recht kleine Menge ist, rechnet man allerdings in der 1000fach höheren Einheit, dem Kilowatt. So kommt die Kilowattstunde (kWh) zustande, die obige Lampe würde demnach 0,04 kWh verbrauchen.

Auf diesem Weg können Sie nun leicht den Verbrauch Ihrer Geräte in Euro umrechnen:

- Wie viel Watt (W) nimmt mein Gerät auf?
- Wie lange läuft es? Multiplizieren von Wattzahl und Nutzungsdauer ergibt die Wattstunden.
- Teilen durch 1000 ergibt kWh.

* *Wie viel Sie für eine kWh bezahlen, können Sie Ihrer Stromrechnung entnehmen. Für die Rechenbeispiele in diesem Buch haben wir einen mittleren Preis von 16 Cent zu Grunde gelegt.*

- Multiplizieren mit dem jeweiligen Preis* für eine kWh, gibt die Kosten der bestimmten Energiedienstleistung (z. B. eine Stunde Fernsehen) an.

Leistung bzw. Leistungsaufnahme in W kann also zu jedem beliebigen Zeitpunkt gemessen werden, während der gesamte Energiebedarf eines Vorgangs in kWh über eine bestimmte Zeitspanne gemessen wird.
Was kann man mit einer Kilowattstunde anfangen? Zum Beispiel 20 Stunden lang Radio hören oder sieben Stunden fernsehen, mit dem Elektroherd ein Mittagessen für vier Personen kochen, mit einem Mixer 50-mal Kuchenteig rühren, mit einem Bügeleisen zwei Stunden lang bügeln, sich mit einer elektrischen Zahnbürste sieben Jahre lang dreimal täglich die Zähne putzen, sich mit einem Elektrorasierapparat zwei Jahre lang rasieren.
Wer wissen möchte, wie die Kilowattstunden auf der Stromabrechnung zusammenkommen, sollte seine Geräte mit einem Strommessgerät prüfen. Es wird zwischen Steckdose und Testkandidat gesteckt und zeigt zunächst zwei Größen an: Watt (W) oder Kilowattstunden (kWh). Den Messmodus Watt sollten Sie wählen, wenn das Gerät gleichmäßig arbeitet und beliebig lange läuft: Eine 60-Watt Glühbirne nimmt 60 Watt Leistung auf, solange sie auch angeschaltet ist. Ihre Kosten ergeben sich damit direkt aus der Betriebsdauer. Der „Wattmodus" zeigt also die Leistungsaufnahme eines Geräts an – genauer als die Angaben in der Bedienungsanleitung – und ist damit besonders geeignet, versteckten Standby-Fressern auf die Spur zu kommen.
Die Anzeige in Kilowattstunden wählen Sie, wenn ein Gerät für einen bestimmten Vorgang eine begrenzte Zeit läuft und dabei verschiedene Schaltzustände einnimmt: Eine Waschmaschine braucht etwa eine Stunde, zieht während dessen aber nicht immer gleich viel Strom – Wasser aufzuheizen kostet viel mehr als das Umwälzen. Ein Kühlschrank schaltet sich immer wieder ein, wenn die gewünschte Temperatur überschritten wird, und schaltet sich nach diesem Kühlvorgang wieder für eine Weile ab. Im „kWh-Modus" zeigt das Messgerät also den Gesamtverbrauch

solcher „gestückelten“ Arbeitsgänge an. (Beim Kühlschrank sollten Sie z. B. mindestens einen Tag lang messen und auf das Jahr hochrechnen.) Manche Messgeräte lassen sich auch noch mit dem aktuellen Strompreis programmieren und nehmen so die Berechnung der Kosten ab.

Sparsame Geräte

Das Niedrigenergie-Institut Detmold (NEI) durchforscht regelmäßig den Markt nach Haushaltsgeräten, die durch geringen Verbrauch glänzen. Vor einer Neuanschaffung sollten Sie unbedingt die umfangreiche, aktuelle Marktübersicht des Instituts zu Rate ziehen – als Faltblatt per Post, unter www.nei-dt.de oder über die Online-Datenbank www.spargeraete.de.

Es wäre natürlich schön, stromsparende Geräte ohne Taschenrechner und Rechenanleitung ausfindig machen zu können. Doch selbst mit Verbrauchsangaben ist es oft schwierig, Geräte unterschiedlicher Größe oder Leistung zu vergleichen. Das EU-Energie-Label (www.eu-label.de) bzw. die Schweizer energieEtikette (www.energieetikette.ch) bietet hierfür eine scheinbar einfache Lösung, indem es Geräte von *A* bis *G* klassifiziert. *A*-Geräte sind außerordentlich sparsam, *G*-Geräte dagegen grausig verschwenderisch und solche mit *B* bis *F* liegen irgendwo dazwischen. Dass *A* sparsamer ist als *B* usw. gilt allerdings nur für Geräte gleicher Bauart. Vergleicht man hingegen Kühlschränke ohne Sternefach und solche mit */***-Fach oder Gefrierschränke mit Gefriertruhen, hilft das Label nicht, denn die Anforderungen sind je nach Geräteart verschieden. Mancher *B*-Gefrierschrank braucht mehr Strom als eine *D*-Truhe gleicher Größe. Und auch innerhalb der *A*-Gruppe gibt es oft eine große Bandbreite von Verbräuchen. Mit *A* dürfen sich nämlich alle Geräte schmücken, die weniger als 55 Prozent des marktdurchschnittlichen Verbrauches ihrer Bauart aufweisen.

Der „grüne Strom“

Seit der Liberalisierung des europäischen Strommarktes im April 1998 können EU-Bürger ihren Stromlieferanten und damit auch die Stromerzeugungsart frei wählen. Sie können zu einem Anbieter wechseln, der seinen Strom aus erneuerbaren Energien und Anlagen mit hohem Wirkungsgrad bezieht. Nicht alle vermeintlich „grünen“ Angebote sind aber aus ökologischer Sicht sinnvoll und leisten einen Beitrag zur Förderung der erneuerbaren Energien. Entscheidungshilfe gibt z.B. der Verein Grüner Strom Label e.V. Er hat sich zum Ziel gesetzt, Unternehmen zu zertifizieren, die auf den Ausbau erneuerbarer Energien setzen, um langfristig atomare und fossile Energien abzulösen. Ein wichtiges Kriterium für die Vergabe des Labels ist darum, Atomkraftwerksbetreiber sowie Unternehmen, die den Marktzugang erneuerbarer Energien behindern, auszuschließen. Anbieter, die aus reinen Marketinggründen einen Alibi-Anteil Ökostrom vertreiben, grundsätzlich aber der atomar/fossilen Energiewirtschaft verhaftet bleiben, erhalten ebenfalls kein Zertifikat.

1 Schalt mal ab – Stand-by kostet viel Strom

Sie glauben, Ihr Fernseher ist aus, wenn Sie den Power-Knopf gedrückt haben. Doch glimmt da nicht noch ein Lämpchen? Fühlt sich ein Netztrafo warm an, obwohl die angeschlossene Lampe nicht leuchtet? Hier verschwenden Sie Strom! Jedes Mal, wenn ein Gerät nicht wirklich aus, sondern nur auf Bereitschaft (englisch: Stand-by) geschaltet wird, fließt weiter Strom – umso mehr, je mehr Leistung ein Gerät im Schlaf aufnimmt. Vor allem Fernseher, Satellitenempfänger, Antennenverstärker und Videorecorder fressen Unmengen beim Nichtstun. Aber auch Warmwasserspeicher ziehen Strom, wenn sie gar nicht gebraucht werden. Bei den meisten Geräten ist Stand-by inzwischen der Normalzustand, schlimmer noch: Viele haben gar keinen Netzschalter mehr, der Stand-by-Modus ist nicht zu erkennen. Und viele Geräte, beispielsweise Kopierer, fahren zudem den größten Teil der Zeit nur im Leerlauf. Auch wenn ganz abschalten nicht geht: Sparsame Stand-by-Geräte verbrauchen oft nicht einmal ein Zehntel dessen, was Verschwender aus dem Netz saugen.

Wussten Sie schon...

„Die paar Watt, die mein Fernseher im Stand-by-Modus braucht, macht das denn so viel aus?", fragen Sie vielleicht. Dann wird Sie überraschen, dass der Leerlauf

- einen Durschnittshaushalt jedes Jahr 75 bis 150 Euro (oder ca. 115 bis 230 sFr) kostet.
- in Deutschland rechnerisch zwei Großkraftwerke, in Österreich das halbe Donaukraftwerk im 24-Stunden-Betrieb für sich beansprucht.
- jedes Jahr rund 20 Milliarden kWh frisst (das entspricht dem Jahresverbrauch der Stadt Berlin) und damit 3 Milliarden Euro kostet.
- für 4 Prozent des gesamtdeutschen Strombedarfs und 10 Millionen Tonnen CO_2 verantwortlich ist.

- in Privathaushalten durchschnittlich mit einem Zehntel der Stromrechnung zu Buche schlägt.
- Übrigens: Stand-by erhöht die Lebensdauer eines Gerätes nicht!

Tipps:

Schalten Sie Geräte immer am Netzschalter aus. Wo das nicht geht, installieren Sie Steckdosen mit Schalter, schließen Sie mehrere Geräte an eine schaltbare Steckerleiste an oder ziehen Sie einfach die Strippe. Wo Trafos nötig sind, wählen Sie Ringkerntrafos: Sie ziehen fast 90 Prozent weniger Strom als Mantelkerntrafos. Wählen Sie beim Neukauf Geräte mit gut erreichbarem Netzschalter, erkundigen Sie sich nach den sparsamsten Ausführungen (Stand-by um 1 W) und achten Sie auf das GEEA-Energiesparzeichen. Moderne Videorecorder verlieren ihre Programmierung nicht mehr, wenn sie vom Netz getrennt werden.

Und das kommt dabei raus:

Um Klarheit über Ihren „persönlichen Leerlauf" zu gewinnen, hilft nur, *alle* Endgeräte im Haushalt mit einem Strommessgerät nachzumessen. Diese Geräte verleihen u.a. Stadtwerke oder Verbraucherzentralen. Sehen Sie auf Ihrer Abrechnung nach, wie viel Sie für eine Kilowattstunde bezahlen (brutto!) und multiplizieren Sie diesen Wert mit der Anzahl der jährlichen Stand-by-Stunden.
Das könnte für einen Videorecorder so aussehen: Im Durchschnitt nutzen Sie ihn vielleicht 1 Stunde pro Tag, die restlichen 23 steht er auf Stand-by. Ein üblicher Wert für den Stand-by-Bedarf solcher Geräte ist 15 W. Das ergibt für einen Tag also 23 h × 15 W = 345 Wh. Hochgerechnet auf ein Jahr werden daraus rund 126 kWh. Bei einem Preis von 16 Cent je Kilowattstunde würde Sie dieser Videorecorder jährlich gut 20 Euro kosten, bei einer angenommenen Lebenszeit von zwölf Jahren insgesamt 240 Euro (oder ca. 368 sFr) – so viel wie ein neues Gerät!
Rechnungen wie diese zeigen, dass sich die Investition in Sparhelfer schnell bezahlt macht: Schaltbare Steckerleisten gibt es ab 6 Euro im Handel.

2 Meister-Lampe – Wenn Stromsparern ein Licht aufgeht

Haben Sie sich auch schon mal an einer Glühbirne die Finger verbrannt? Dann haben Sie am sprichwörtlich eigenen Leib erlebt, wie ineffizient der altbekannte Glaskolben arbeitet: Gerade einmal 5 Prozent der verbrauchten Energie verwandelt die Glühbirne in Licht; die restlichen 95 Prozent sind bestenfalls als Elektro-Heizung zu bezeichnen, „Verschwendung" trifft es aber besser. Diesem Missstand begegnen Sie am besten mit Energiesparlampen. Das sind eigentlich „zusammengefaltete" Leuchtstoffröhren: Anstelle des Glühdrahts erzeugt ein Gemisch aus Leuchtgas und Spuren von Quecksilber das Licht. Die Zusammensetzung dieses Gases entscheidet über die Lichtfarbe, von tageslichtweiß bis zu extra-warmweiß. Im großen Sockel zwischen Glas und Gewinde werden der komplizierte Einschaltvorgang einer Sparlampe und der Stromfluss gesteuert. Im Vergleich zur Glühbirne haben wir es hier mit Hightech zu tun. Energiesparlampen passen in alle üblichen Leuchtenfassungen (die Bezeichnungen E14 und E27 geben den Gewindedurchmesser in Millimetern an). Sehr gute Lampen bekommen Sie für etwa 10 Euro (oder ca. 15 sFr).

Wussten Sie schon...

- Sparlampen verbrauchen bei gleicher Helligkeit nur etwa ein Fünftel des Stroms einer Glühlampe. Sie können also eine 100 W-Glühbirne durch eine 20 W Sparlampe ersetzen.
- Glühbirnen erlöschen nach 800 bis 1500 Betriebsstunden, Sparlampen hingegen strahlen mit einer Lebensdauer von 5000 bis 15000 Stunden.
- Energiesparlampen gibt es mittlerweile in allen Formen und – wichtiger noch – Farben. So können Sie auch Lampen mit sehr warmem Licht wählen oder dimmbare Sonderausführungen.
- Halogenlampen sind keine Energiesparlampen. Zwar leben auch sie länger als Glühbirnen und leuchten vergleichsweise heller, dafür

benötigt das zugehörige Netzteil aber 10 Prozent Strom extra und zählt überdies zu den typischen Stand-by-Fallen.

- Die Beleuchtung verursacht durchschnittlich rund 8 Prozent der Stromkosten eines Haushalts.

Tipps:

Setzen Sie Energiesparlampen überall dort ein, wo Sie zwei oder mehr Stunden am Tag Beleuchtung brauchen. Die teuren Lampen im Keller anzubringen, den Sie nur einmal die Woche für wenige Minuten besuchen, lohnt nicht. Drehen Sie Sparlampen am Sockel ein, nicht an der bruchgefährdeten Röhre! Sparen Sie nicht am falschen Ende. Sehr billige Sparlampen erzielen oft nicht die versprochene Lebensdauer bzw. Lichtausbeute.
Manche Sparlampen sind etwas empfindlicher als Glühbirnen: Zwischen Aus- und Einschalten sollten mindestens zwei Minuten liegen und die Lampe sollte dann nicht weniger als sechs Minuten brennen.
Werfen Sie ausgediente Energiesparlampen nicht in den Hausabfall, sie sind u.a. wegen geringer Quecksilbermengen Sondermüll. Meist erklären sich Wertstoffhöfe oder Händler bereit, alte Energiesparlampen kostenlos zurück zu nehmen und umweltfreundlich zu entsorgen.

Und das kommt dabei raus:

Wegen der besseren Lichtausbeute verursachen Energiesparlampen um 80 Prozent geringere Stromkosten und CO_2-Emissionen. Angenommen, Sie haben sich für eine luxuriöse 11 W-Lampe entschieden: Der Kaufpreis von 15 Euro (oder ca. 23 sFr) erscheint gegenüber den 75 Cent für eine Glühbirne enorm. Doch allein durch die Lebensdauer holt die Sparlampe schon auf. Sie überlebt leicht zehn Glühbirnen, im Einkauf ist sie damit nur noch doppelt so teuer. Und im Verbrauch hängt sie die Glühbirnen dann vollends ab. Während die nämlich in 10 000 Betriebsstunden Strom für insgesamt 90 Euro (oder ca. 138 sFr) verbraten, bescheidet sich die Sparlampe mit 18 Euro (oder ca. 28 sFr). In dieser Zeit produziert sie 78 Kilogramm CO_2, bei den Glühbirnen sind es 390 Kilogramm. Für die gleiche Beleuchtungsleistung zahlen Sie bei den Glühbirnen also

98 Euro (oder ca. 151 sFr), bei der Sparlampe dagegen 33 Euro (oder ca. 51 sFr) – und haben somit 65 Euro übrig (oder ca. 100 sFr). Rechnen Sie das mal für alle Ihre Glühbirnen im Haus zusammen!

3 Energie für unterwegs – Batterien und Akkus haben 's in sich

Strom zum Mitnehmen befreit von der Strippe. Batterien und Akkus haben Unterhaltung mobil gemacht, in den kleinen Kraftwerken steckt aber oft ein giftiger Kern: Die Schwermetalle Cadmium (Cd), Blei (Pb) und Quecksilber (Hg) sind extrem gefährliche Stoffe, die Ökosysteme schädigen, sich in der Nahrungskette anreichern, Tiere und letztlich Menschen vergiften können. Daneben enthalten Batterien auch ätzende Kalilauge oder Schwefelsäure als Elektrolyte. Obwohl das Gesetz vorschreibt, verbrauchte Batterien über die Sammelbehälter des Gemeinsamen Rücknahmesystems der Hersteller (GRS) und keinesfalls über den Hausmüll zu entsorgen, beträgt die Rücklaufquote bei NiCd-Akkus kaum 50, bei Knopfzellen gar nur 10 Prozent. Das bedeutet, dass in Deutschland jährlich bis zu 6 Tonnen Quecksilber und etwa 350 Tonnen krebserregendes Cadmium unkontrolliert in die Umwelt gelangen. Cadmium gilt als das größte Umweltproblem des Batteriemarktes und obgleich es bessere Alternativen wie Lithium- und Nickelmetallhydridsysteme gibt, liegt der Absatz von NiCd-Akkus unverändert bei ca. 3 000 Tonnen pro Jahr. Natürlich dürfen auch Nickel, Zink und Lithium nicht in die Umwelt gelangen, außerdem handelt es sich um wertvolle, knappe Ressourcen. Die Recyclingquote für Auto-Batterien beträgt in Deutschland übrigens 95 Prozent. Ob das an den 7,50 Euro Pfand liegt?

Wussten Sie schon...

- Jeder von uns verbraucht im Mittel ein Dutzend Gerätebatterien im Jahr, Tendenz steigend.
- Einwegbatterien gelten als die teuerste Energiequelle: Ihre Herstellung verbraucht 40- bis 500-mal mehr Energie als sie selbst bereitstellen können.
- In Deutschland werden jährlich über eine Milliarde Gerätebatterien verkauft, etwa 33 000 Tonnen. Sie enthalten ca. 640 Tonnen Cadmium, 7 Tonnen Quecksilber, 11 Tonnen Silber, 1 050 Tonnen Nickel und 4 700 Tonnen Zink – die ca. 14 Millionen Autobatterien mit ihren 190 000 Tonnen Blei nicht mit gezählt. Der Absatz in Österreich und der Schweiz liegt bei je rund 4 000 Tonnen.
- Das Quecksilber einer einzigen Knopfzelle kann 800 000 Liter Wasser vergiften. Damit könnte eine 1 000-Seelen-Gemeinde 1 Jahr lang ihren Durst stillen.
- Fast 70 Prozent der Verbraucher lagern ihre verbrauchten Batterien im Haushalt zwischen.

Tipps:

Geben Sie alle alten Batterien und Akkus, auch die aus singenden Grußkarten oder blinkenden Sportschuhen, an den entsprechenden Sammelstellen zurück. Jede Verkaufsstelle ist verpflichtet sie zurück zu nehmen. Besonders umweltgefährliche Batterien sind mit einer durchgestrichenen Mülltonne gekennzeichnet, unter der das chemische Kürzel das enthaltene Schwermetall nennt: Cd, Pb oder Hg.
Überlegen Sie beim Kauf eines Gerätes, ob es batteriebetrieben sein muss: Taschenrechner, Armbanduhren oder Kofferradios gibt es auch mit leistungsstarken Solarzellen, die selbst bei schwachem Licht noch arbeiten. Auch der Betrieb mit Netzteil ist immer noch billiger und umweltfreundlicher als „Wegwerfstrom". Oder Sie machen sich unabhängig und sorgen per Handarbeit für Spannung: Manche Handy- und Radioakkus lassen sich mit einer Kurbel aufladen – 30 Sekunden Kurbeln, 35 Minuten hören.

Alle Einwegbatterien lassen sich durch Akkus ersetzen – gut für Geräte, die häufig genutzt werden. Für seltener gebrauchte Geräte eignen sich die umweltfreundlichen wieder aufladbaren Alkalimangan-Batterien. Lassen Sie NiCd-Akkus liegen und greifen Sie – auch beim Geräteneukauf – zu Ni-Metallhydrid-Akkus und Lithium-Ionen-Akkus: Sie enthalten kein Cadmium, zeigen keinen Memory-Effekt* und können zudem deutlich mehr Ladung speichern. Als nächste Generation sind Lithium-Polymer-Akkus auf dem Vormarsch.
Theoretisch verkraften Akkus 500 bis 1000 Auflade-Zyklen, jedoch nur bei richtigem Gebrauch. Untersuchungen in der Schweiz haben ergeben, dass Nutzer durchschnittlich nur 30 Ladezyklen erreichten und so Umwelt- und Kostenvorteile verspielten. Der umweltverträgliche Gebrauch von Akkus setzt ein gutes Ladegerät mit Erhaltungsladungsfunktion und Überladeschutz voraus, das auf die verwendeten Akkus abgestimmt werden kann. Vorsicht: Einwegbatterien in einem Ladegerät können explodieren.
Zu den jüngsten Umweltverbesserungen in Sachen Batterien zählen wieder aufladbare Lithium-Knopfzellen und Zink-Luft-Knopfzellen für Hörgeräte.

Und das kommt dabei raus:

Batterien sind teuer: Für den Preis von 2 bis 3 sogenannten 9 V-Blöcken bekommen Sie schon ein recht ordentliches Netzteil. Hochwertige Akkus sind ebenfalls teuer, können Ihnen aber viel Geld sparen, wenn Sie sie gut behandeln. Strom aus Solarzellen und Muskelkraft gibt es sozusagen umsonst.

* *verlieren also keine Ladekapazität*

4 Die kochende Leidenschaft – Eiskalt kalkuliert

Selber kochen macht Spaß, selber essen erst recht. Für umwelt- und kostenbewusste Gourmets ist neben gesundem Genuss auch ein möglichst geringer Energieeinsatz in der Küche wichtig. Das fängt bei der Technik an: Der altbekannte E-Herd mit Gussplatten ist am weitesten verbreitet, aber auch der teuerste Küchenfreund im Verbrauch. Glaskeramikfelder kommen schon 10 Prozent günstiger und der Gasherd senkt die Kosten fürs Kochen um unschlagbare 60 Prozent. Relativ neu sind Induktionsherde: Sie erzeugen die Hitze im Topfboden selbst. Auch die Pfanne mit den Spiegeleiern bruzzelt eigentlich auf einem kalten Herd. Mit dem Induktionsherd ergeben sich sehr kurze Ankochzeiten. Da die Herdoberfläche nur indirekt über den Geschirrboden erwärmt wird, kann überlaufendes Kochgut nicht anbrennen und es entsteht keine Verbrennungsgefahr für den Benutzer. Induktionsherde drücken den Verbrauch um ein Fünftel, sind aber teurer in der Anschaffung; außerdem ist spezielles Kochgeschirr erforderlich.

Bei den Backöfen unterbieten die Umluftherde als Spitzensparer die herkömmliche Röhre um 30 Prozent, u.a. weil sie etwa 25 °C niedriger gefahren werden können. Einige Neugeräte besitzen einen Backraumteiler, mit dem sich bei geringer Beladung der Heizbereich verkleinern lässt. Wichtig ist vor allem eine gute Isolierung von Backrohr und Ofentür. Das perfekte Team besteht also aus Gasherd und Umluftherd.

Auch Topf und Pfanne entscheiden, wie schnell die Hitze ins Essen gelangt und wie viel ungenutzt abgestrahlt wird. Das schlägt sich in der Stromrechnung nieder. Auf Dauer lohnt es sich, Omas alten Tiegel als Dekoration an die Wand zu hängen und sich modernes, hoch effizientes Kochgeschirr zu gönnen.

Wussten Sie schon...

- In den letzten 15 Jahren ist der Energiebedarf von Herden um fast ein Viertel gesunken, u.a. aufgrund von Automatikplatten.

- Mit rund 17 Prozent des gesamten Strombedarfs eines Durchschnittshaushalts gehören Herd und Ofen immer noch zu den „Großverbrauchern".
- Ein 3-Personenhaushalt gibt rund 80 Euro im Jahr für Kochen und Backen aus.
- Wenn Sie einen Braten von 2 Kilogramm in den Ofen schieben, gehen über drei Viertel der gesamten Energie an die Umgebung verloren, 15 Prozent heizen den Ofen auf und nur 7 Prozent machen wirklich den Braten gar.
- Manche Stadtwerke fördern das Umsatteln auf einen Gasherd, weil er bei gleicher Leistung wie ein E-Herd jährlich etwa 250 Kilogramm CO_2 weniger produziert. Außerdem halten Gasherde ein Leben lang.
- Selbst bei vorbildlichem Kochverhalten kostet Sie heißes Wasser vom Herd doppelt so viel Energie wie aus dem Wasserkocher.

Tipps:

Kochgeschirr und Herdplatte sollten genau zueinander passen. Wenn die Herdplatte nur 1 bis 2 Zentimeter größer als der Topf- oder Pfannenrand ist, verpulvern Sie bis zu einem Drittel der Hitze. Ebenso wichtig ist, dass das Kochgeschirr plan auf der Platte liegt. Moderne Töpfe gewährleisten dies durch einen Sandwichboden, der zunächst leicht nach innen gewölbt ist und sich beim Kochen ausdehnt, sodass er optimalen Kontakt mit der Herdplatte bekommt.
Edelstahl- und Aluminiumtöpfe strahlen viel weniger Wärme ab als Emailletöpfe, manche modernen Töpfe sind sogar wärmeisoliert und sparen so 15 Prozent Energie.
Schließen Sie Töpfe stets mit einem gut sitzenden Deckel. Ohne den benötigen Sie leicht die vierfache Strommenge und selbst ein fingerbreit geöffneter Deckel bringt kaum mehr als gar keiner. Deckel aus Glas erlauben, den Kochvorgang gut zu überwachen, ohne immer wieder Energie beim „Topfgucken" zu verlieren.
Verwenden Sie möglichst wenig Wasser zum Kochen. Das schont auch Vitamine. Ab ca. 20 Minuten Kochzeit im normalen Topf lohnt sich der Griff zum Schnellkochtopf. Er ist ein Drittel schneller, schont die Inhalts-

stoffe der Lebensmittel und das bei einem 50 bis 70 Prozent niedrigeren Energiebedarf.
Das Vorheizen des Backofens ist nur für wenige Gerichte – beispielsweise Hefeteig – wirklich notwendig. Probieren Sie es ohne und sparen Sie 20 Prozent Strom. Je besser der Backraum ausgenutzt wird, desto weniger Energie wird für die einzelnen Gerichte verbraucht. Für Backöfen gilt wie für Kochplatten: Restwärme nutzen!
Backen Sie Brötchen nicht im Backofen auf, sondern mit dem Brötchenaufsatz des Toasters – so brauchen Sie 70 Prozent weniger Energie.
Wechseln Sie, wenn irgend möglich, zum Gasherd – dann können Sie manche der obigen Tipps gleich wieder vergessen...

Und das kommt dabei raus:

Im Vergleich zu einem Elektroherd können Sie beim Kochen mit Gas im Jahr 40 bis 60 Euro sparen (oder ca. 61 bis 92 sFr). Aber auch beim Kochen mit einem E-Herd sparen Sie durch die obigen Tipps rund die Hälfte der Stromkosten. Wie sehen *Ihre* Kochgewohnheiten aus?

5 Kalt gemacht – Das können Sie billiger haben

Keine Maschine kann Kälte *erzeugen*. Ein Kühlschrank ist eigentlich eine Wärmepumpe, die die Wärme der Speisen aus dem Inneren in die Umgebung schafft. Er arbeitet dabei gegen die Außentemperatur an, man kann bildlich von einem Bergauftransport der Wärme sprechen. Je höher die Außentemperatur und je mehr Wärme in den Kühlschrank eindringt, umso steiler der Berg und umso höher Ihre Stromrechnung. Machen Sie Ihren Kühl- und Gefriergeräten die Arbeit leicht! Sie laufen rund um die Uhr, jahrein, jahraus. So wirken sich selbst kleine Einsparungen und Verbrauchsunterschiede deutlich aus. Sparsame Geräte brauchen täglich etwa 0,78 Kilowattstunden* mit Gefrierfach und 0,28 kWh ohne Sterne.

Wussten Sie schon...

- Je 1 °C, das der Kühlschrank weniger erzielen muss, spart man 6 Prozent Energie.
- Kühl- und Gefriergeräte gehören zu den größten Stromfressern im Haushalt. Bis zu einem Drittel der Stromkosten geht auf ihre Rechnung.
- Ein Drei-Sterne-Kühlschrank braucht ca. 30 Prozent mehr Strom als ein Kühlschrank ohne Gefrierfach.
- Die Temperatur um 1 °C abzusenken, kostet viel mehr Energie, als sie um 1 °C anzuheben.

Tipps:

Passen Sie den Kühlschrank Ihrem Bedarf an, Faustregel: 40 bis 50 Liter pro Person. Temperieren Sie ihn auf +7 bis +8 °C (ein Kühlschrankthermometer kostet ca. 3 Euro oder ca. 5 sFr) und stellen Sie ihn an einen möglichst kühlen Platz, wenn möglich, nicht neben Herd oder Heizung. Schützen Sie den Schrank notfalls mit Styroporplatten. Öffnen Sie ihn nur kurz – Ordnung verkürzt die „Suchzeit" – und entnehmen Sie jeweils nur so viel wie nötig. Geben Sie keine warmen Speisen hinein, Gefrorenes zum Auftauen aber immer. Ein Kühlschrank muss „frei atmen": Er soll gut 5 cm von der Wand entfernt stehen und die Abwärme los werden können. Das schafft er besser, wenn Sie den Wärmetauscher regelmäßig von Staub befreien. Achten Sie zudem darauf, dass alle Gummidichtungen intakt sind und keine Wärme einströmen kann. Gefriertruhen (es gibt auch kleine!) kommen mit 15 Prozent weniger Strom aus als Gefrierschränke. Zieltemperatur ist hier –18 °C. Besitzen Sie schon eines dieser Geräte, nehmen Sie einen Kühlschrank *ohne* Gefrierfach. Tauen Sie regelmäßig ab, aber erst ab einer Eisdicke von über einem Zentimeter. No-Frost-Geräte müssen zwar nicht abgetaut werden, brauchen aber auch viel mehr Strom.

* *Kilowattstunde nicht mehr präsent? Schlagen Sie nach auf Seite 16.*

Sobald Sie verreisen, gönnen Sie auch dem Kühlschrank Urlaub und ziehen Sie den Stecker.
Lassen Sie Ihren alten Schrank von einem Fachmann entsorgen, der die klimaschädlichen Kühlmittel sicher abzapft, und wählen Sie beim Neukauf ein Gerät, das ohne FCKW arbeitet.

Und das kommt dabei raus:

Ein Unterschied im Strombedarf von täglich nur 0,1 kWh summiert sich bei einer angenommenen Lebenszeit von 15 Jahren auf 93 Euro (oder ca. 143 sFr). Wenn Sie z. B. beim Neukauf 100 Euro (oder ca. 153 sFr) mehr für einen Kühlschrank ausgeben, der täglich 0,2 kWh weniger zieht als der billige Konkurrent, machen Sie ein gutes Geschäft. Selbst wenn Sie einen Kühlschrank umsonst bekommen, der 1,1 kWh pro Tag braucht, zahlen Sie gegenüber einem neuen Sparsamen – Preis 350 Euro (oder ca. 537 sFr), Verbrauch 0,35 kWh pro Tag – in 15 Jahren rund 300 Euro drauf (oder ca. 460 sFr)! Aus diesem Grund sollten Sie das Geschenk eines alten Kühlschranks dankend ablehnen. Aber ist es ökologisch sinnvoll, einen 10 Jahre alten Kühlschrank vorzeitig rauszuschmeißen? In einem Neugerät stecken etwa 1200 kWh Herstellungsenergie, ein Drittel hätte der Alte „noch gut“. Diese 400 kWh holt ein Neuer mit einem um 0,7 kWh pro Tag geringeren Verbrauch in 190 Tagen raus, da im Kraftwerk ja die dreifache Menge an Primärenergie eingesetzt werden muss (siehe Seite 15). Danach beginnt die Nettoentlastung der Umwelt.

6 Clever Waschen 1 – Drosseln Sie Strom- und Wasserfluss

Maschine auf, Wäsche und Waschmittel rein, Knopf drücken... Waschen ist so einfach, oder? Genauer betrachtet, ist Wäsche waschen eine ziemlich knifflige Geschichte, wenn man dabei Umwelt und Geldbeutel scho-

nen will. Denn es gilt, maximale Sauberkeit bei minimalem Wasser- und Stromverbrauch zu erzielen. Dafür müssen die richtige Maschine, das effektivste Waschmittel und eine clevere Waschtechnik her.
Sehen wir uns zunächst die „nasse“ und die „elektrische“ Seite des Waschens an: In der Waschmaschinentechnik hat sich einiges getan. Moderne Sparmodelle brauchen nicht einmal mehr halb soviel Wasser wie ihre Vorläufer vor 10 bis 15 Jahren und ihr Strombedarf ist fast ebenso stark gesunken.
Auch die Verbraucher haben ihre Waschgewohnheiten zugunsten der Umwelt verbessert. Lag die durchschnittliche Waschtemperatur vor 30 Jahren noch bei über 60 °C, sind es heute weniger als 50 °C. Nun kommt es darauf an, die verbesserten technischen Möglichkeiten vollends auszuschöpfen. Beim Wasser- und Energieverbrauch gibt es noch viel zu sparen.

Wussten Sie schon...

- In einem Vierpersonen-Haushalt läuft die Waschmaschine durchschnittlich 260-mal im Jahr.
- Deutschland „verwäscht“ jährlich 330 Millionen Kubikmeter Wasser sowie 8 Milliarden kWh Energie. Damit ließen sich 183 000 Wettkampfschwimmbecken füllen bzw. alle Berliner knapp 2 Jahre lang mit Strom versorgen. In Österreich fließen jährlich an die 60 Millionen Kubikmeter Wasser durch die Waschmaschinen.
- Allein durch kluges Waschverhalten ließen sich ein Drittel des Wasser- und drei Viertel des Energiebedarfs einsparen.
- Eine 90 °C Wäsche frisst nicht 3-mal, sondern 7-mal so viel Energie wie eine 30 °C Wäsche.

Tipps:

Über drei Viertel des Stroms braucht die Waschmaschine allein zum Aufheizen des Wassers. Dem können Sie auf mehrere Arten begegnen: Die wichtigste Regel lautet, mit möglichst niedrigen Temperaturen zu waschen. Vielerorts herrscht noch der Glaube, höhere Temperaturen machen Wäsche sauberer. Tatsache ist: Die Wirkstoffe moderner Wasch-

mittel haben ihr Temperaturoptimum bei ca. 30 bis 40 °C. Sollten Sie nicht gerade als Kaminkehrer arbeiten, können Sie sich Vor- und Kochwäsche also getrost sparen. Wenn Sie Bedenken wegen der Hygiene haben, schieben Sie gelegentlich einen 60 °C Waschgang dazwischen. Um den Strombedarf noch weiter zu senken, verfügen einige Maschinen über einen Warmwasseranschluss. Sie mischen sich aus heißem und kaltem Wasser der Hausleitungen die jeweils benötigte Temperatur. Dies setzt natürlich voraus, dass am Waschplatz neben dem Kaltwasser- auch ein Warmwasserhahn frei ist.
Füllen Sie die Trommel immer voll. Viele Spartasten vermitteln mit der Aufschrift „½" den falschen Eindruck: Sie sparen höchstens 20 Prozent Strom.
Mal ehrlich, wie alt ist Ihre Maschine? Auch wenn sie noch gut in Schuss scheint, kann sich eine neue aufgrund ihrer Sparsamkeit lohnen. Die sparsamsten Maschinen brauchen je 5-Kilogramm-Waschgang bei 40 °C nur noch 0,3 Kilowattstunden Strom und 39 Liter Wasser. Bei der Entscheidung für eine Maschine hilft z.B. das EU-Energielabel, das alle wichtigen Kenngrößen der Maschine nennt: Energie- und Wasserbedarf, Füllmenge und Waschwirkung. Anhand dieser Daten können Sie ausrechnen, wie schnell sich ein Neukauf amortisiert.

Und das kommt dabei raus:

Allein die Verbrauchseinsparungen eines sparsamen Neugeräts gegenüber einer 10 Jahre alten Maschine können für eine vierköpfige Familie 40 Euro (oder ca. 61 sFr) im Jahr betragen und bei einer 20 Jahre alten Maschine bis zu 105 Euro (oder ca. 161 sFr). Im Unterschied zu einem 25 Jahre alten Gerät kann ein neues jährlich über 25 000 Liter Wasser und 200 kWh sparen. Damit können Sie zweieinhalb Jahre lang täglich duschen und ein Jahr lang einen 300-Liter-Kühlschrank betreiben. Übrigens: Wenn Sie den Wasserverbrauch senken, sparen Sie mit jedem Liter doppelt, da Sie ja für Brauchwasser auch Abwassergebühren zahlen müssen. Wie sich alle Einsparungen addieren können, finden Sie im Kapitel 8: *Clever Waschen 3 – Unterm Strich.*

7 Clever Waschen 2 – Wie Sie nicht zu viel verpulvern

Nach Strom und Wasser kommen nun die zahllosen Waschmittel ins Spiel. Indem Sie das für Ihre Bedürfnisse richtige auswählen und genau dosieren, drehen Sie die dritte wichtige Stellgröße beim Waschen in Richtung Umweltschutz und Sparen. Moderne Waschmittel sind ausgereift und billige Marken können ebenso gute Waschergebnisse liefern wie teure. Das überrascht nicht, denn der Aufbau aller Waschmittel ist im Wesentlichen gleich: Tenside, Bleichmittel, optische Aufheller, Enzyme, Gerüststoffe und Parfüme. Immer neue Wirkstoffkombinationen aus den mehr als 400 verfügbaren Komponenten sollen in erster Linie den Markt beleben. Einige Duftstoffe und Bleichmittel können allerdings Haut und Atemwege reizen. Mit dem Verbot von Phosphaten wurde den Gewässern von staatlicher Seite schon viel geholfen. Zeigen Sie durch kluges Dosieren, dass die Haushalte dies genauso gut können.

Wussten Sie schon...

- In Deutschland kommen jährlich fast 18 Millionen Tonnen Schmutzwäsche zusammen.
- Für diesen Berg brauchen die Deutschen fast 700 000 Tonnen Waschmittel, Spezialwaschmittel und Weichspüler noch nicht mitgerechnet.
- Würden Superkompakt- oder Baukastenwaschmittel alle herkömmlichen Vollwaschmittel ersetzen, gelangten in Deutschland rund 120 000 Tonnen weniger Pulver in die Gewässer. In der Schweiz gelangen jährlich immerhin 60 000 Tonnen Waschmittel in den Wasserkreislauf.

Tipps:

Baukastenwaschmittel sind die ökologische und ökonomische Top-Empfehlung. So ein Baukasten enthält ein kompaktes Grundwaschmittel, einen Enthärter (für Wasserhärten über 1; Auskunft erteilt Ihr Wasserver-

sorger) und ein Bleichmittel für weiße oder stark verschmutzte Wäsche. Etliche Anbieter führen auch separate Enzyme im Sortiment, die individuell zudosiert werden können. Diese Komponenten lassen sich exakt auf die jeweiligen Gegebenheiten anpassen. Obwohl sie zunächst teuer erscheinen, werden sie damit zum Sparrenner.
Wenn Sie sich nicht für einen Baukasten entscheiden können, wählen Sie ein Kompaktwaschmittel in Pulverform. Flüssige Waschmittel enthalten deutlich mehr Tenside und waschen trotzdem nicht so weiß wie ein gutes Pulver. Kompakte Colorwaschmittel sind Vollwaschmitteln vorzuziehen, da sie ohne Bleiche auskommen. Gänzlich ausgedient haben Jumbo-Vollwaschmittel. Diese Großpackungen enthalten rund ein Drittel Füllmittel – Gewässer belastende Salze, die dafür sorgen, dass das Waschmittel nicht verklumpt. Berechnungen der Kosten pro Waschgang belegen, dass Konzentrate viel günstiger sind als die vermeintlich ergiebigen Jumbos.
Dosieren Sie jedes Waschmittel entsprechend den Herstellerempfehlungen für leicht verschmutzte Wäsche und gemäß dem Härtegrad Ihres Wassers. Tasten Sie sich an die kleinste Menge heran, mit der Sie die Wäsche noch gut sauber bekommen und markieren Sie sich diese mit einem Strich auf dem Füllbecher. Beim Dosieren können auch Waschmitteltabletten helfen, ähnlich wie sie für Spülmaschinen bekannt sind.
Achten Sie beim Kauf des Waschmittels auf problematische Inhaltsstoffe: Das Bleichmittel Perborat setzt pflanzengiftige Borsalze frei, die keine Kläranlage beseitigen kann. Unter den Duftstoffen gelten vor allem polycyclische und Nitro-Moschusverbindungen als gesundheitsgefährdend und wegen ihrer Langlebigkeit als ökologisch sehr bedenklich.
Für Naturverbundene bieten Reform- und Versandhäuser eine Besonderheit an: Waschnüsse. Ihre Schalen enthalten Saponin und machen ganz ohne synthetische Chemie sauber. Sie sind vollständig biologisch abbaubar und reduzieren die Waschmittelkosten um rund die Hälfte.

Und das kommt dabei raus:

Im Durchschnitt gibt ein Haushalt 38 Euro (oder ca. 58 sFr) im Jahr für Waschmittel aus. Durch kluges Dosieren von Baukastenwaschmitteln können Sie für das gleiche oder sogar weniger Geld bei gleicher Wäschemenge die Gewässerbelastung erheblich verringern. Knausern Sie ruhig mit dem Waschmittel: Wenn Sie bislang eher viel zugegeben haben, anstatt entsprechend „leichter Verschmutzung" zu dosieren, haben Sie wahrscheinlich bis zu 50 Prozent Ihrer Waschmittelausgaben verpulvert. Ausführliche Informationen zum Sparpotenzial finden Sie im nächsten Kapitel: *Clever Waschen 3 – Unterm Strich*.

8 Clever Waschen 3 – Unterm Strich

Die jährlichen Ausgaben fürs Waschen hängen von vielen Faktoren ab. Um Ihr Sparpotenzial abzuschätzen, beantworten Sie sich folgende Fragen: Wie häufig waschen Sie? Wie alt ist Ihre Maschine und wie viel verbraucht sie je Waschgang? Den tatsächlichen Stromverbrauch bestimmen Sie am besten mit einem Strommessgerät, beim Wasserverbrauch müssen Sie sich auf die Herstellerangaben verlassen. Wie dosieren Sie Ihr Waschmittel? Und welche der Spartipps aus Kapitel 6 und 7 beherzigen Sie bereits?

Wie stark sich das Waschverhalten auswirken kann, ließ das deutsche Umweltbundesamt vom Öko-Institut Freiburg anhand dreier Modellhaushalte abschätzen: Im Haus *Weißkragen* ist allzeit Sauberkeit oberstes Gebot, sozusagen ohne Rücksicht auf Verluste. Bei Familie *Wischi-Waschi* muss es nicht immer klinisch rein sein und man wäscht nach Gefühl, ohne besonderen Umwelt- oder Sparanspruch. Die *Cleverles* dagegen könnten als Vorbild für unsere Tipps gelten: Sie machen vor, wie man sauber und umweltfreundlich aus der Wäsche schaut.

Die Berechnungen des Öko-Instituts fassen übrigens nur zusammen, wie sich unterschiedliches Waschverhalten auswirkt, also welche Temperatur und wie viel von welchen Waschchemikalien gewählt wird. Sparmöglichkeiten durch neue Technologien sind darin noch gar nicht enthalten. Doch nun zu den drei Familien im Detail:

Familie *Weißkragen* wäscht besonders häufig und mit geringer Befüllung. So kommen in einem Jahr 500 Kilogramm Wäsche oder 286 Waschgänge zusammen mit im Schnitt nur 1,75 Kilogramm Beladung. Überdies dosiert sie ein herkömmliches Vollwaschmittel stets auf „stark verschmutzt" und gibt jeder Wäsche ordentlich Weichspüler zu. Fast ein Drittel der Wäsche wird bei 90 °C gewaschen und immerhin 40 Prozent bei 60 °C. Alles wandert in den Wäschetrockner und das meiste wird auch noch gebügelt.

Familie *Wischi-Waschi*, sie entspricht am ehesten einem Durchschnittshaushalt, wäscht seltener und braucht für 500 Kilogramm Wäsche nur 182 Waschgänge. Sie nutzt ein Kompaktvollwaschmittel, das sie in drei Viertel der Fälle für normale, sonst starke Verschmutzung dosiert. Weichspüler kommt nur in jeder zweiten Wäsche zum Einsatz. Die häufigste Waschtemperatur ist 60 °C und das Kochprogramm kommt nur halb so oft zum Zuge wie bei *Weißkragens*. Wäschetrockner und Bügeleisen bearbeiten rund ein Drittel der Wäsche.

Familie *Cleverle* schließlich geht schon ganz anders ans Thema heran: Weil sie einmal getragene Oberbekleidung oft auch durch Auslüften wieder fit bekommt, schrumpft ihr jährlicher Wäscheberg um ein Viertel. Sie füllt die Maschine stets voll – macht 94 Waschgänge – und wäscht mit einem Baukastenwaschmittel bei niedrigster Dosierung. Weichspüler schenken sich die *Cleverles*. Drei Viertel der Waschgänge laufen auf 30 °C, der Rest auf 60 °C, und die Wäsche trocknet ausschließlich an der Luft. Gebügelt wird nur jedes 10. Wäschestück.

Und das kommt dabei raus:

Fazit der Untersuchung: Obwohl Familie *Cleverle* mit einem teuren Baukastenwaschmittel wäscht, zahlt sie wesentlich weniger fürs Waschen als die beiden anderen Haushalte, nämlich 53 Euro (oder ca. 81 sFr) im Jahr. Das ist nur etwa halb soviel wie die Durchschnittsfamilie *Wischi-Waschi*, die auf 108 Euro (oder ca. 166 sFr) jährlich für Waschmittel, Energie und Wasser kommt. Familie Weißkragen bezahlt für die saubere Wäsche sogar 252 Euro (oder ca. 387 sFr).

Noch deutlicher als die Kosten bilden die Umweltbelastungen die unterschiedlichen Waschstrategien der drei Haushalte ab: Bis die Wäsche im Schrank liegt, braucht Familie *Wischi-Waschi* fast 4-mal, die *Weißkragens* brauchen sogar 10-mal soviel Energie wie die *Cleverles*. In welchem der drei Waschtypen erkennen Sie sich wieder?

9 Weichspüler: Mmmm, so schön weich! – Aber hart zur Umwelt

Weichspüler helfen nicht beim Waschen. Sie verhindern lediglich, dass sich Kalk aus dem Waschwasser auf der Faser ablagert und plustern sie auf. Das sorgt für das beliebte „Kuschelgefühl". Die aktive Rolle dabei spielen so genannte kationische Tenside, und die gelangen mit dem Abwasser in die Umwelt. Inzwischen gibt es zwar Weichspüler, die besser abgebaut werden als früher eingesetzte Chemikalien, doch auch sie belasten die Gewässer noch erheblich. Vor allem Kleinstlebewesen in Bächen und Flüssen, Garanten für ein funktionierendes Ökosystem, gehen an den Weichspülerresten zu Grunde. Nicht abgebaute Tenside können auch Fischen gefährlich werden, wenn sie sich auf die Kiemen legen. Außerdem wirken viele Weichspüler stark hautreizend, da wird aus „kuschelweich" schnell kratzig. Besonders Baby- und Kinderwäsche sollte also von ihnen verschont bleiben.

Wussten Sie schon...

- Deutsche Haushalte spülen jedes Jahr 180 000 Tonnen Tenside in die Gewässer. Weichspüler haben daran einen beträchtlichen Anteil.
- Die wenigsten Kläranlagen können Weichspüler aus dem Wasser entfernen.

- „Biologisch abbaubar“ bedeutet nur, dass die betreffenden Substanzen ihre wäscherelevanten Eigenschaften verlieren. Sie belasten dennoch die Gewässer.
- Weichspüler überziehen die Textilien wie ein dünner Fettfilm. Deswegen nehmen weichgespülte Tücher Feuchtigkeit so schlecht auf.

Tipp:

Die einfachste, umweltfreundlichste und billigste Veränderung beim Waschen ist natürlich, es mal ohne Weichspüler zu versuchen. Sie gehören auch zu jenen, die um keinen Preis auf das Kuschelgefühl nach dem Duschen verzichten mögen und am liebsten wärmen Sie Ihr Handtuch vorher noch kurz über der Heizung? Vielleicht wagen Sie dann das Experiment, die Dosierung bei jedem Waschgang etwas reduzieren. Umweltverträglichen Ersatz für synthetische Weichspüler bieten Essig und Tonerde, auch Zitronensäure sorgt als guter Kalklöser für weichere Wäsche. Kautschukkugeln walken die Wäsche in der Trommel durch und verhindern so, dass sich ein Kalkfilm auf der Faser niederschlägt. Damit die Kugeln genügend Spielraum haben, darf die Maschine aber nicht zu voll gepackt werden. Auch die bereits erwähnten Waschnüsse (siehe Kapitel 7: *Clever Waschen 2 – Wie Sie nicht zu viel verpulvern*) machen durch ihre natürlichen Öle die Wäsche angenehm weich. Der „große Wurf“ – die Lösung nicht nur für das Problem harter Wäsche – wäre, das gesamte Brauchwasser aus einer eigenen Regensammelanlage zu beziehen: Regen gibt es kostenlos und hartes Wasser ist damit passé. Zugegeben, Mieter können diesen Tipp leider nicht so einfach umsetzen.

Und das kommt dabei raus:

Der Verzicht auf Weichspüler spart je nach Marke und persönlichem Verbrauch bis zu 20 Euro (oder ca. 31 sFr) pro Jahr. Essig, Tonerde und Zitronensäure finden Sie für wenig Geld in allen Drogerien.

10 In trockenen Tüchern – Am billigsten mit Geduld

Wäschetrockner gehören zu den größten Stromverbrauchern im Haushalt und sparsame Geräte sind kaum in Sicht. An den meisten hängt das EU-Label der Effizienzklasse *C* oder schlechter. Geräte mit *B* gibt es gar keine und Klasse *A* erreichen nur eine Handvoll, die über Gas oder eine Wärmepumpe beheizt werden. Auch unter Geräten der Klassen *C* bis *G* gibt es noch wesentliche Verbrauchsunterschiede. Neben dem Energieverbrauch fließen auch die maximale Füllmenge und das Trocknungsverfahren in die Bewertung ein. Zwei Gerätetypen beherrschen den Markt: Ablufttrockner leiten die feuchte Luft über einen Schlauch ins Freie, Kondensationstrockner – eigens für fensterlose Räume entwickelt – schlagen die Feuchtigkeit nieder und fangen sie in einem Behälter auf. Kaltluft-Schranktrockner finden trotz Effizienzklasse *A* wenig Zuspruch, ihre lange Trockendauer von 12 bis 16 Stunden ist wohl wenig attraktiv.

Wussten Sie schon...

- In jedem dritten deutschen Haushalt steht ein elektrischer Wäschetrockner.
- Trockner brauchen für die gleiche Wäschemenge doppelt so viel Strom wie eine Waschmaschine im Kochwaschgang.
- Ein Haushalt mit Wäschetrockner verdankt diesem gut 10 Prozent der Stromkosten.

Tipps:

Der umweltfreundlichste Trockner ist die Wäscheleine im Garten oder auf dem Balkon. Und gibt es nicht auch drinnen irgendeinen Raum, wo die Wäsche niemanden stört, beispielsweise über Nacht? Im Winter befeuchtet im Haus aufgehängte Wäsche trockene Heizungsluft. Aber auch auf dem Dachboden oder im Keller bekommen Sie die Wäsche dann noch mit wenig Energie trocken: Stellen Sie einen 25-Watt-Ventilator (ab 10 Euro erhältlich) so auf, dass die Luft durch die Wäschestücke streicht. Gut geschleuderte Wäsche kann so binnen weniger Stunden trocknen.

Wenn Sie einen Wäschetrockner verwenden, beladen Sie ihn richtig. Zweimal die halbe Füllung kostet etwa 30 Prozent mehr Strom. Je besser die Waschmaschine schleudert, umso weniger muss der Trockner arbeiten. Bei schlappen 850 Umdrehungen pro Minute braucht der Trockner bis zu 90 Minuten, um 5 Kilogramm Wäsche schranktrocken zu liefern. Bei mindestens 1200 Umdrehungen pro Minute sind es nur noch 75 Minuten.

Übertrocknen verschwendet nicht nur Energie, sondern schadet auch der Kleidung. Für alles, was Sie bügeln wollen, genügt die Einstellung „bügeltrocken".

Halten Sie bei einem Ablufttrockner den Schlauch möglichst kurz und reinigen Sie den Luftfilter nach jedem Trockengang. Flusen in den Filtern verlängern die Trocknungszeit.

Wählen Sie beim Neukauf ein Gerät mit Feuchtigkeitsmesser. So ausgerüstet läuft der Trockner nicht länger als nötig. Ablufttrockner brauchen etwa 10 Prozent weniger Strom als Kondensationstrockner, gasbetriebene Trockner belasten Klima- und Geldbeutel am wenigsten. Waschtrockner verbrauchen, da für jeden Waschgang zwei Trockengänge anfallen, überdurchschnittlich viel Strom und schlucken für die Kühlung eine ordentliche Extraportion Wasser. Sie sollten nur als Notlösung bei extrem wenig Platz in Betracht kommen.

Und das kommt dabei raus:

Durchschnittlich wendet ein Vierpersonenhaushalt 500 Kilowattstunden oder 75 Euro (oder ca. 115 sFr) pro Jahr fürs Wäschetrocknen auf. Wäsche an die Luft zu hängen, kostet gar nichts. Wenn Sie sich zumindest im Sommer für diese Methode entscheiden können, sparen Sie rund die Hälfte der Stromkosten und vorheriges Schleudern mit 1400 statt 1000 Umdrehungen pro Minute, spart knapp 20 Prozent Strom.

11 Richtig einheizen – Tipps für Mieter

In jüngster Zeit sind die Energiepreise rasant gestiegen. Dem sind Sie als Mieter aber nicht hilflos ausgeliefert. Zwar wohnen die Wenigsten in optimal renovierten Wohnungen oder Neubauten, die der aktuellen Wärmeschutzverordnung entsprechen. Doch Sie können selbst aktiv werden, damit die Jahresabrechnung nicht zum Fiasko gerät. Der Kohlendioxid-Ausstoß aus den Heizanlagen der Wohnhäuser gilt als eine der größten Triebkräfte des Klimawandels. Durch einen sparsamen Umgang mit Heizenergie und Warmwasser lässt sich also ein großes Rad für den Klimaschutz drehen. Beim richtigen Heizen geht es schlicht darum, Wärme in der angemessenen Menge dorthin zu lenken, wo sie wirklich gebraucht wird und ihr den unkontrollierten Weg nach draußen zu versperren.

Wussten Sie schon...

- Die Mehrzahl der Deutschen glaubt, die meiste Energie im Haushalt würde für Elektrogeräte verbraucht. Tatsächlich werden aber drei Viertel der eingesetzten Energie „verheizt“.
- Durchschnittlich 9 Euro (oder ca. 14 sFr) pro Quadratmeter zahlt ein Haushalt im Jahr für Heizung und Warmwasser. An einem kalten Tag können allein die Heizkosten schnell auf 5 bis 10 Euro klettern (oder ca. 8 bis 15 sFr).
- Eine dreiköpfige Familie „heizt“ 6 bis 7 Tonnen Kohlendioxid pro Jahr in die Atmosphäre, alle deutschen Privathaushalte zusammen bringen es jährlich auf über 130 Millionen Tonnen. Diese Verhältnisse gelten entsprechend der Bevölkerungszahl auch für Österreich und die Schweiz.
- In einem Raum mit mehreren Heizkörpern kommt es günstiger, alle etwas aufzudrehen, als einen die ganze Arbeit alleine machen zu lassen.

Tipps:

Beheizen Sie nur Räume, die Sie wirklich nutzen. Halten Sie die Temperatur in Wohnräumen bei 18 bis 20 °C, im Schlafzimmer genügen oft schon ca. 16 °C. Jedes Grad mehr Raumtemperatur steigert den Energieverbrauch um 6 Prozent. Wenn Sie mehrere Tage verreisen, stellen Sie die Heizung auf ca. 12 °C ein. Drehen Sie die Heizung nie völlig ab. Es kostet unverhältnismäßig viel Energie, ein ausgekühltes Zimmer wieder aufzuheizen.

Thermostatventile halten die Raumtemperatur konstant auf dem gewünschten Wert und können bis zu 8 Prozent Heizenergie sparen. Die Stellung 3 entspricht gewöhnlich 20 °C und 4 etwa 24 °C. Die Ventile dürfen nicht von Gardinen verdeckt sein. Eine gute Investition sind programmierbare elektronische Thermostatventile, mit denen Sie u.a. Heizintervalle festlegen können. Beim Umzug einfach abschrauben und mitnehmen!

Verstellen Sie der Wärme nicht den Weg: Sofas, Vorhänge oder Verkleidungen vor dem Heizkörper verhindern eine optimale Abstrahlung – und kosten Sie 5 Prozent zusätzliche Energie.

Während der Nachtstunden sollte die Raumtemperatur um 5 °C gesenkt werden. Um möglichst wenig Wärme über die Fenster zu verlieren, schließen Sie nachts die Vorhänge und lassen Sie Rollos herunter. So senken Sie den Wärmeverlust um 10 bis 20 Prozent.

Schlaues Lüften heißt Stoßlüften: Heizung ganz runter und Fenster ganz auf. So wird im Winter in vier bis sechs Minuten die komplette Raumluft einer 75 Quadratmeter-Wohnung ausgetauscht und die Wände verlieren nur wenig Wärme. Heizen Sie kalte Räume nicht durch warme Luft aus anderen Zimmern auf, dabei kondensiert zu viel Feuchtigkeit aus.

Zu Beginn der Heizperiode sollten Sie die Heizkörper entlüften, damit sie effizient arbeiten.

Mit Strom Räume und Wasser zu heizen, ist nicht nur die unökologischste, sondern auch teuerste Methode. Sprechen Sie mit dem Vermieter: Versuchen Sie eine Abrechnung zu erwirken, die sich zu 70 Prozent aus verbrauchsabhängigen Kosten und nur 30 Prozent aus Grundkosten zusammensetzt*. So holen Sie durch kluges Heizverhalten auch finanziell am meisten raus.

Und das kommt dabei raus:

Der Unterschied zwischen unbesonnenem und klugem Heizen kann sich auf 30 Prozent der Heizkosten belaufen. Aus Ihrer Abrechnung können Sie die Kilowattstunden Ihres Heiz- und Warmwasserverbrauchs entnehmen und Ihre Energiekennzahl berechnen (siehe Seite 14). Liegt sie bei 240 kWh/m^2 im Jahr, ist das Durchschnitt, aber kein Grund zum Jubeln: Bis maximal 120 kWh/m^2 jährlich gelten heute als „gut". Über 280 kWh/m^2 sollten Sie als Alarmglocke verstehen!

12 Richtig einheizen – Tipps für Eigentümer

Hausbesitzer sind auch Herr über ihre eigene Heizanlage. Ein Weg in den Keller eröffnet ihnen die Möglichkeit, ihre Heizkosten „von Grund auf" in den Griff zu bekommen. Natürlich behalten alle Tipps zum sorgsamen Umgang mit der Heizwärme, die in Kapitel 11 vorgestellt wurden, auch für Hausbesitzer ihre Gültigkeit.

Wussten Sie schon...

- Heizungsanlagen von Privatwohnungen zählen zu den Hauptverantwortlichen der Luftverschmutzung.
- Drei Viertel der gesamten Wohnfläche in Deutschland erfüllen nicht die Anforderungen der ersten Wärmeschutzverordnung von 1977. In Österreich und der Schweiz sind die Vorgaben je nach Bundesland bzw. Kanton recht unterschiedlich und somit schwer zu vergleichen.

* *Vergleichen Sie dazu Seite 14.*

- Erdgas belastet die Umwelt weit weniger als Öl. Bei seiner Verbrennung entstehen fast keine Schwefel- und deutlich weniger Stickstoffverbindungen und Kohlendioxid.
- Die deutschlandweit über 30 Millionen Heizungspumpen benötigen etwa 3,5 Prozent der gesamten elektrischen Energie. Damit verbrauchen sie etwa so viel wie alle Schienenfahrzeuge von Bundesbahn und öffentlichem Nahverkehr.

Tipps:

Egal wie alt Ihre Anlage ist, sie muss optimal laufen. Überprüfen Sie zu Beginn der Heizperiode folgende Stellgrößen:

Die Nachtabsenkung ist auf 15 bis 16 °C eingestellt, der Kessel kann nachts herunterfahren.

Prüfen Sie, ob genug Wasser im Heizsystem ist. Nur wenn der Druck stimmt, gelangt die Wärme auch in die Heizkörper.

Warmwasser sollte nicht mehr als 50 bis 60 °C haben. Bei höheren Temperaturen muss man am Hahn doch nur wieder kalt zumischen, zudem verkalkt das System schneller. Legionellen töten Sie zuverlässig durch gelegentliches kurzes Aufheizen auf 80 °C.

Stellen Sie die Heizungspumpe auf die niedrigste Position ein und regeln Sie nur höher, wenn die Heizkörper trotz richtigem Wasserdruck ungleichmäßig warm werden. Stellen Sie die Pumpe ab, wann immer Sie nicht heizen, z.B. im Sommer.

Überprüfen Sie die Heizungsregelung und stellen Sie die Heizkurve möglichst niedrig ein, probehalber auf 1,2. Die Vorlauftemperatur sollte gerade so hoch sein, dass die Räume angemessen schnell warm werden. Die Verschiebung der Kurve sollte bei +3 °C bis +5 °C liegen.

Notieren Sie wöchentlich den Zählerstand Ihrer Gasheizung bzw. monatlich die Tankfüllung Ihrer Ölheizung. So behalten Sie Ihre Heizkosten im Blick und vermeiden teure Überraschungen.

Wenn Sie an einer Ölheizung fest halten wollen, prüfen Sie, ob Sie als Beitrag zur Luftverbesserung schwefelarmes Öl einsetzen können. Eine weitere Neuerung, rußarmes Superöl, tut Tank und Brenner gut.

Achten Sie auf Alarmzeichen wie Abgastemperaturen über 200 °C und eine Kesselummantelung, die mehr als nur lauwarm ist: Hier ist etwas im Argen und Sie verschwenden viel Energie.

Und das kommt dabei raus:

Schon eine korrekte Nachtabsenkung bringt bis zu 10 Prozent weniger Energiebedarf, ebenso die gewissenhafte Wartung der Heizanlage. Als Quantensprung in Sachen Energieeinsparung kann sich erweisen, die Heizanlage komplett zu modernisieren: 30 Prozent und mehr sind drin. Diese Maßnahme würde den Rahmen der *50 einfachen Dinge* sprengen, sie zu prüfen sei Eigentümern aber dringend ans Herz gelegt, deren Anlage 10 Jahre und älter ist. Mit der Bundesimmissionsschutzverordnung (BimSchV) werden in Deutschland deutlich höhere Anforderungen an den Wirkungsgrad einer Heizanlage zum Gesetz, die letzte Übergangsfrist endet schon November 2004. Die Energieeinsparverordnung (EnEV) untersagt ab 2006 sogar pauschal, Heizungen zu betreiben, die vor Oktober 1978 eingebaut wurden. Österreicher und Schweizer wenden sich bitte an die jeweiligen Landes- bzw. kantonalen Behörden.

13 Macht den Laden dicht – Einfache Dämmtipps für Mieter

Kluges Heizen ist nur die eine Hälfte Ihrer Wärmesparstrategie, vielleicht noch größeres Gewicht hat die entsprechende Dämmung. Sie entscheidet grundsätzlich darüber, wie viel Wärme gebraucht wird, um sich in einem Raum wohl zu fühlen. Als Mieter können Sie Wärmeschlupflöchern wie Türen, Fenstern oder Heizungsnischen Ihre besondere Aufmerksamkeit widmen. Mit sehr einfachen Mitteln und geringen Investitionen lassen sich Lecks so abdichten, dass Sie trotz niedriger eingestellter Heizungsventile eine angenehmere Temperaturverteilung im Raum erzielen.

Wussten Sie schon...

- Etwa 20 Prozent der Heizenergie verschwinden durch die – geschlossenen! – Fenster.
- In manchen Städten verfügt noch immer jede fünfte Wohnung nur über einfach verglaste Holzfenster.
- Hauseigentümer können nicht gezwungen werden, schlecht schließende Fenster mit Einfachverglasung auszutauschen oder eine Wärmedämmung vorzunehmen.

Tipps:

Zieht's? Meist spüren Sie die undichten Stellen an Fenster und Türrahmen schon durch den kalten Hauch auf der Haut des Handrückens oder Unterarms. Ganz klassisch hilft auch der Kerzentest. Gehen Sie mit Schaumstoffstreifen oder Dichtungsprofilen gegen die Ritzen vor. Kleben Sie immer den ganzen Rahmen ab, damit Fensterflügel bzw. Türblatt wieder eine ebene Auflage finden und nicht neue Lücken entstehen. Für Gummiprofile, die eingefräst werden müssen, geben Sie zwar ca. 8 Euro (oder ca. 12 sFr) pro Quadratmeter aus, haben dann aber 10 Jahre Ruhe. Zwischen Unterkante der Haustüre und Boden passt oft sogar ein „kleiner Finger". Eine Besenleiste, Klemmschienen oder einfach nur Stoffrollen zum Vorlegen schaffen hier Abhilfe. Rüsten Sie auch die Türen zu kalten Räumen, z. B. der Speisekammer, zu Wärmebarrieren auf. Besonders schlimm sieht es in vielen Rollokästen aus: Nur ein übertapeziertes Spanbrett trennt den beheizten Raum von der kalten Außenluft. Am besten beraten Sie mit dem Vermieter, wie Sie diese Wärmelücke schließen können.

Eine Dämmschicht mit hitzereflektierender Oberfläche lohnt sich in jedem Fall hinter den Heizkörpern – wenn sie in der Mauer versenkt montiert sind, auch seitlich. In Baumärkten finden Sie eigene Heizkörperdämmplatten in unterschiedlichen Stärken. Herrscht Platzmangel, leisten schon eine 5 Millimeter dicke, aluminium-kaschierte Styroporplatte oder eine flexible Dämmfolie gute Dienste.

Bevor Sie bei einem Dämmvorhaben an die Bausubstanz gehen, müssen Sie mit dem Vermieter sprechen. Eine gute Gelegenheit, fürs Dämmen zu werben. Geben Sie auch die Tipps aus dem nachfolgenden Kapitel weiter.

Und das kommt dabei raus:

Wie viel Geld und Kohlendioxid Sie sparen, hängt von der Qualität der ursprünglichen Wärmedämmung ab, der Zahl der Außenwände und der Lage der Wohnung – unterm Dach und im Erdgeschoss zahlen Sie gewöhnlich mehr fürs Heizen. Eine gute Fensterisolierung kann diese Kosten um 10 Prozent drücken. Die ausgekleidete Heiznische spart bis zu 6 Prozent Heizenergie, nochmal soviel können dichte Rollladenkästen bringen. Und die gesamten Investitionen machen sich nach spätestens zwei bis drei Heizperioden bezahlt. Gleichzeitig entlasten sie die Umwelt jedes Jahr um viele hundert Kilogramm Kohlendioxid.

14 Macht den Laden dicht – Einfache Dämmtipps für Eigentümer

Wenn wir die Aufnahmefähigkeit der Erde für Kohlendioxid nicht heillos überfordern wollen, sind sich Experten einig, muss der Wärmebedarf im Gebäudebestand um den Faktor 10 gesenkt werden. Das ist nur mit Häusern zu erreichen, die über eine effiziente Heizung verfügen *und* so gut gedämmt sind, dass sie unkontrolliert kaum Wärme verlieren. Der Markt bietet für jeden Dämmjob die richtigen Materialien. Aus ökologischer Sicht sind hierfür besonders Naturstoffe wie Wolle, Hanf oder Zellstoff zu empfehlen. Entgegen hartnäckiger Gerüchte steigern sie nicht die Brandgefahr, manche zäumen Feuer sogar besser ein als Kunststoffdämmungen. Das deutsche Verbraucherministerium bietet zudem eine Förderung an, um den Preisunterschied zu synthetischen Dämmstoffen zu verringern. In Österreich gelten je nach Bundesland unterschiedliche Bestimmungen und entsprechend unterschiedliche Fördermöglichkeiten. Die Schweizer Zentralkantone schreiben mit der SIA-Norm 380/1 für Neubauten den Niedrigenergiehaus-Standard vor. Fördermittel sind ebenfalls kantonal verschieden. Neben den hier genannten einfachen Dämmtipps lassen sich größere Maßnahmen an der Fassade am besten in ohnehin anstehende Renovierungen integrieren. Und natürlich gelten alle Dämmtipps an die Vermieter auch für Eigentümer.

Wussten Sie schon...

- Fast die Hälfte der Kohlendioxid-Emissionen einer Familie geht auf den Energiebedarf für Heizen und Warmwasser zurück.
- Ein 100 Quadratmeter großes, ungedämmtes Einfamilienhaus von 1970 verbrauchte pro Jahr ca. 3 500 Liter Heizöl, nach der Wärmeschutzverordnung 1982 ca. 1700 Liter und nach der Wärmeschutzverordnung 1995 etwa 1 000 Liter. Ein Niedrigenergiehaus nach dem aktuellen Stand der Technik schließlich kommt mit nur noch 500 bis 700 Litern aus.

Tipps:

Relativ einfach und in „Heimarbeit" können Sie sowohl die Kellerdecke als auch die letzte Geschossdecke zum Dachboden isolieren – sofern Sie diesen nicht ohnehin komplett ausbauen wollen. Die Dämmplatten müssen hierfür 15 bis 25 cm stark sein und kosten rund 25 Euro pro Quadratmeter (oder ca. 38 sFr). Beachten Sie, dass die beiden Bereiche unter Umständen unterschiedliche Materialien erfordern. Denken Sie auch an die Heizungsrohre im Keller: Packen Sie „nackte" Leitungen, die vom Heizkessel in die bewohnten Räume führen oder in nicht beheizten Räumen verlaufen, mindestens 2 cm dick ein. Wegen des hohen Temperaturunterschieds zwischen Rohr und Umgebung verlieren Sie hier schon auf wenigen Metern sehr viel Wärme.
Die Kreditanstalt für Wiederaufbau in Frankfurt/Main fördert verschiedene Maßnahmenpakete zur Dämmung und Heizungssanierung, die auch einen Zuschuss zur Energieberatung enthalten. In Österreich und der Schweiz sind die Länder bzw. Kantone für evtl. Fördertöpfe zuständig. Meist lohnt es sich, bei der Materialauswahl etwas mehr zu inves-

tieren, um dafür deutlich bessere Dämmwerte zu erreichen. Eine Aufnahme* Ihres Hauses mit einer Wärmebildkamera (Thermografie) zeigt Ihnen, wie viele Wärmelecks darin klaffen und wo sie sitzen. Wichtig für Vermieter: Eine gut gedämmte Wohnung müssen die Mieter auch gut lüften!
Geben Sie die Tipps aus dem vorigen Kapitel an Ihre Mieter weiter.

Und das kommt dabei raus:

Wenn Sie nur Dachboden, Kellerdecke und Verteilerrohre isolieren, reduzieren Sie die entsprechenden Energieverluste um jeweils bis zu 25 Prozent. Mit einer gelungenen Rundum-Dämmung können Sie in einem Einfamilienhaus mit etwa 500 Quadratmetern Außenfläche mehr als 1000 Liter Heizöl im Jahr einsparen, also mindestens 350 Euro (oder ca. 537 sFr). Schon bei einer Nutzungsdauer von 30 Jahren beträgt die steuerfreie Rendite 9 Prozent. Suchen Sie mal Anlageformen dieser Qualität! Außerdem wohnen Sie behaglich wie nie und schützen Ihr Haus vor Bauschäden. Das Thema Dämmen und Heizung in größerem Maßstab anzugehen, rentiert sich meist ab einem Energiekennwert von über 120 kWh/m².

15 Mit Solarkollektoren holen Eigentümer Warmwasser vom Dach

Die Methode der „Sonnenheizung" ist genial einfach: Die Sonne erhitzt im Kollektor, den meist dunkelblauen Panelen auf dem Dach, ein Gemisch aus Wasser und Frostschutzmittel, welches die Energie über einen Wärmetauscher an den Hauskreislauf abgibt. Bis auf die Kollektoren und den etwas größeren Solarspeicher selbst besteht eine Solaranlage aus

* *Die macht Ihnen jeder Energieberater.*

Standardbauteilen der Heizungstechnik. Sie liefert in den Sommermonaten genug Energie, um jeweils den gesamten Warmwasserbedarf zu decken. Voraussetzung: die Anlage ist richtig dimensioniert (pro Person benötigt man eine Fläche von 1 bis 1,5 Quadratmeter Flachbettkollektoren bzw. 0,6 bis 0,8 Quadratmeter der leistungsfähigeren Vakuumkollektoren sowie ein Wasserspeichervolumen von 80 bis 100 Litern). Im Winter und in der Übergangszeit schafft sie immer noch ein Drittel und der Brenner im Keller heizt nach. Jedenfalls stellt es kein Problem dar, eine Solaranlage mit jeder beliebigen Heizungstechnik zu kombinieren. Während die Technik also noch zu den *50 einfachen Dingen* gezählt werden darf, gestaltet sich die perfekte Finanzierungsplanung deutlich komplexer, denn sie hängt von einer Vielzahl stark individueller Randbedingungen ab.

Wussten Sie schon...

- Solarkollektoren brauchen weder direkte noch besonders intensive Bestrahlung, sie holen auch aus diffusem Licht erstaunlich viel raus.
- Eine hochwertige Solaranlage liefert über 30 Jahre lang Wärme.
- Nach etwa 2 Jahren hat die Solaranlage die Energie erwirtschaftet, die für Herstellung und Transport aufgewandt wurde.
- Immerhin noch knapp 15 Prozent des Stromverbrauchs deutscher Haushalte werden für die Warmwasserbereitung ver(sch)wendet.
- Die Schweiz hält sich noch stark zurück: Hier wird gerade mal halb so viel Kollektorfläche installiert wie in Österreich.

Tipps:

Am günstigsten installieren Eigentümer eine Solaranlage beim Neubau, einem Kesselaustausch oder einer Dachsanierung. Eine Dachneigung von 30 bis 45 °C ist optimal, eine Ausrichtung zwischen Südwest und Südost genügt. Achten Sie darauf, dass der Kollektorplatz zu keiner Tageszeit verschattet wird. Kollektor und Speicher sollten über möglichst kurze Leitungen verbunden sein.
Alle großen Heizungshersteller haben mittlerweile auch „Solarwärme" im Programm. Die Installation übernimmt ein Fachbetrieb für Sanitär-

Heizung-Klima. Geübte Heimwerker können sich auch selbst daran versuchen, ihnen bietet der Markt spezielle Bausätze.
Solarkollektoranlagen mit dem Label „Blauer Engel“ arbeiten nicht nur garantiert effizient, sondern wurden auch umweltverträglich hergestellt. Deutschland und Österreich fördern Beratung, Planung und Finanzierung mit Zuschüssen. Aus dem Marktanreizprogramm *Erneuerbare Energien* erhalten Sie 110 Euro (oder ca. 169 sFr) je angefangenem Quadratmeter Kollektorfläche, vor allem bei Modernisierungen kommen auch die Förderpakete der Kreditanstalt für Wiederaufbau (KfW) in Frage. Den entsprechenden Antrag stellen Sie an das Bundesamt für deutsche Wirtschaft und Ausfuhrkontrolle (BAFA). Daneben existieren noch Förderprogramme der Länder, Regionen, Kommunen oder auch einzelner Energieversorger, nach denen es zu suchen lohnt. Einen umfassenden Überblick der Fördermöglichkeiten finden Sie unter www.bine.info oder www.solarfoerderung.de, in Österreich unter www.eva.ac.at und in der Schweiz unter www.solarenergy.ch.
Wichtig: Sie müssen die Förderanträge inkl. eines konkreten Angebots einreichen, *bevor* Sie den Auftrag für die Anlage erteilen. Antragsformulare für Bundesmittel und Informationen erhalten Sie z. B. unter www.solarwaerme-plus.info oder (01802) 000870. In Österreich und der Schweiz ist die Solarförderung Sache der Länder bzw. Kantone und fällt recht unterschiedlich aus. In den meisten Fällen wird ein Festbetrag mit Zuschüssen je installiertem Quadratmeter kombiniert. Bitte wenden sie sich für Details an die für Sie zuständigen Behörden.
In Österreich könnte die Förderung so aussehen: 20 Prozent übernimmt das Land, 15 Prozent die Gemeinden und der Bund gewährt 500 Euro Steuerersparnis.

Und das kommt dabei raus:

Die Preise für Öl und Gas steigen stetig, Sonnenstrahlen kosten Sie hingegen gar nichts. Eine Anlage für einen 4-Personenhaushalt bekommen Sie fertig montiert ab 4000 Euro (oder ca. 6135 sFr) – abzüglich der gesamten Fördersumme. Im Jahresmittel sparen Sonnenkollektoren Ihnen bis zu zwei Drittel der Energie für Warmwasser. Damit amortisiert

sich eine solarthermische Anlage je nach Rahmenbedingungen – Förderanteil, Abschreibungsfristen, Ölpreisentwicklung etc. – nach etwa 13 bis 20 Jahren. Ab diesem Zeitpunkt können Sie die verminderten Heizkosten als Nettoersparnis einfahren.
Möchte man mehr Sonne nutzen, kann die Solaranlage auch die Raumheizung unterstützen und dabei nochmal bis zu 25 Prozent Energie einsparen, die richtige Haustechnik vorausgesetzt.

16 Abfall vom Glauben – Es ist und bleibt zuviel

An die Verpackungsverordnung als Antwort auf die Müllfrage erinnern sich wohl nur Insider, aber ihr „Kind“ kennt jeder: Seit Juli 1991 soll das Duale System Deutschland (DSD), besser bekannt durch sein Logo „Grüner Punkt“, eine Alternative zum bloßen Wegwerfen bieten. Österreich hat, wie 22 weitere europäische Länder, den Grünen Punkt in Lizenz eingeführt. Seither wird Müll gesammelt, sortiert, fraktioniert, gerne auch durch die Gegend kutschiert – nur weniger wird er nicht. Das Abfallaufkommen je Einwohner bleibt annähernd unverändert. Industrie und Handel hatten das DSD gegründet, um sich von der Rücknahme- und Verwertungspflicht der Verordnung zu befreien, die Kosten tragen die Verbraucher mit dem Kauf der Produkte. Für einen Joghurtbecher beträgt der Verwertungsaufschlag etwa 1,7 Cent. So kommt beim DSD immerhin ein Jahresumsatz von 1,7 Milliarden Euro zusammen. Dabei erfasst es gerade mal 45 Prozent der Siedlungsabfälle aus Haushalten und Gewerbe und führt sie einer Verwertung zu. Damit hat das „weltweit komplizierteste Müllsystem“, so die Financial Times vor Jahren, zwar die Deponien entlastet, doch die Verbrennungsanlagen rauchen umso heftiger. Das als „thermische Verwertung“ schön titulierte Verheizen – oft in Müllöfen mit geringer Stromausbeute – hat wohl einige hunderttausend Tonnen Rohöl eingespart, kommt aber so teuer wie Heizöl zu 4 bis 5 Euro pro Liter. Eine echte Wiederverwertung der Kunststoffe als sortenreiner, hochwertiger Sekundärrohstoff scheitert großenteils an den unzähligen Formulierungen und Beimischungen. So ersteht der Müll als Parkbank wieder oder als Gelber Sack, seine Verwandtschaft einzusammeln. Ob eine echte Nachfrage nach den Produkten aus Mischkunststoff besteht, lässt sich kaum beurteilen. Da lohnt es doch, sich nochmal an die Verpackungsverordnung und ihren zentralen Passus zu erinnern: „Verpackungsabfälle sind in erster Linie zu *vermeiden*; im übrigen wird der Wiederverwendung von Verpackungen, der stofflichen Verwertung sowie den anderen Formen der Verwertung Vorrang vor der Beseitigung ... eingeräumt." Und das gilt so für alle Abfälle, nicht nur Verpackungen. Recycling ist und bleibt richtig, einen echten Durchbruch im Umweltschutz aber darf man es nur nennen, wenn die Müllberge schrumpfen.

Wussten Sie schon...

- Laut einer Allensbach-Umfrage sehen 95 Prozent der Bürger die Abfalltrennung als ihren wichtigsten persönlichen Beitrag zum Umweltschutz. Und die Vermeidung?
- Ein Haushalt in der Schweiz gibt im Durchschnitt 0,3 Prozent seines gesamten Einkommens für die Kosten der Abfallentsorgung aus. Dort gilt als Hausmüll aber nur jener Abfall, der nach der Mülltrennung durch die Verbraucher übrig bleibt.
- Würde jeder seinen Proviant in einer Lunchbox zur Schule, Arbeit oder auf die Reise mitnehmen, ließen sich knapp neunzig Prozent des „Pausenmülls" und jährlich 500 000 Tonnen der Abfälle an deutschen Straßen und Autobahnen vermeiden.
- In manchen Kommunen liegt die Restabfallmenge bei nur 75 Kilogramm pro Einwohner und Jahr, während anderenorts mehr als die doppelte Menge Standard ist. Der Naturschutzbund schätzte das deutschlandweite Einsparpotenzial für Abfall auf mindestens 30 Prozent.
- Restmüll besteht immer noch bis zu 20 Prozent aus Verpackungen.

- Alle Komponenten eines durchschnittlichen Plastik-Joghurtbechers haben zusammen rund 70 000 Kilometer auf dem Buckel, bevor sie im Mülleimer landen.
- Zur Herstellung von einer Tonne Aluminium braucht man etwa 4 Tonnen Bauxit aus Tagebau und 16 000 Kilowattstunden Strom – soviel wie ein Vierpersonen-Haushalt in über fünf Jahren. Für eine Tonne Recycling-Aluminium genügen 800 Kilowattstunden.

Tipps:

Alle aufwändigen und teuren Verfahren zur Behandlung von Müll bringen nicht so viel wie ein paar uralte Tipps zur Vermeidung: Verwenden Sie zum Einkaufen eine Stofftasche oder den Korb. Kaufen Sie Obst und Gemüse lose, z. B. auf dem Markt, frische Ware ist meist weniger verpackt. Plastikschalen für Obst und Gemüse bestehen aus Kunststoffen, die schwer zu recyclen sind. Lang Haltbares wie Nudeln oder Müsli können Sie in großen Mengen statt in Single-Verpackungen kaufen. Vermeiden Sie überflüssige Verpackungen und Verbundstoffe ebenso wie Wegwerfprodukte, z. B. Einmalrasierer, Einwegfeuerzeuge oder Einmalkameras, denn sämtliche Verpackungen sind natürlich eingepreist!
Wählen Sie wenn möglich grundsätzlich Produkte, die sich leicht reparieren oder recyclen lassen, also: gesteckt und geschraubt statt geklebt oder verschweißt. Höhere Qualität bedeutet längeres Leben und weniger Müll. Was Ihnen nicht mehr gefällt, gefällt vielleicht anderen: Vor dem Sperrmüll könnte noch eine Kleinanzeige oder ein Internetauktionsportal in Frage kommen. Mit letzterem können Sie sogar noch dazuverdienen.
Geben Sie Ihre Wegzehrung nicht in billige Dosensets mit unklaren Inhaltsstoffen, sondern in hochwertige Behälter aus Polyethylen (PE) oder Polypropylen (PP), aus denen keine gefährlichen Stoffe austreten.

Und das kommt dabei raus:

Wie alle Bürger zahlen Sie knapp 21 Euro im Jahr als Verpackungsaufschlag für den Grünen Punkt, bei einer vierköpfigen Familie kommen also über 80 Euro zusammen. Diese Summe können Sie durch bewusst abfallarmen Einkauf drücken. Haushalte mit zwei grauen Tonnen schaffen vielleicht sogar, eine ganz abzumelden. Fragen Sie mal bei Ihrer Gemeindeverwaltung, was das bringt. Als schlechteste Variante unbedingt vermeiden sollten Sie, Grüne-Punkt-Verpackungen in die Hausmülltonne zu werfen: So zahlen Sie zweimal – den Verpackungsaufschlag *plus* die Müllgebühren – und dem Recycling gehen Wertstoffe verloren. Die Tage des DSD-Monopols sind nach Interventionen des deutsche Bundeskartellamts gezählt, schon heute arbeiten lokale Konkurrenten bis zu ein Drittel billiger. Verstehen Sie sinkende Entsorgungskosten aber bitte nicht als Aufforderung, mehr Müll zu produzieren...

17 Einmal ist keinmal – Mehrweg ist der Weg!

Mit Trendgetränken in schriller Aufmachung versuchten Einweganbieter lange Zeit, Mehrwegflaschen als „altmodisch" aus den Regalen zu kegeln. Und tatsächlich: Der Mehrweganteil war im Jahr 2000 auf dem Weg unter die 50-Prozentmarke. Die Verpackungsverordnung indes schreibt seit 1991 ein Minimum von 72 Prozent (in der Schweiz sind es für Dosen, Glas- und PET-Flaschen sogar 75 Prozent) vor und droht bei Unterschreiten mit Pfand für Einweg – das im Jahr 2003 eingeführt wurde. Zu Recht, wie die jeweiligen Ökobilanzen beweisen. Das deutsche Umweltbundesamt hat mehrmals den gesamten Lebensweg verschiedener Verpackungsarten von der Rohstoffgewinnung über Herstellung und Transport bis zur Entsorgung betrachtet, das Ergebnis lautete stets: Mehrwegflaschen – aus Glas oder Kunststoff (PET) – belasten die Umwelt deutlich weniger als Dosen und Einwegflaschen. Daran ändert auch der notwendige Transport des Leerguts nichts. Sein Energiebedarf kann mit der Entfernung (ab etwa 600 Kilometern) zwar so steigen, dass er die Umweltvorteile aufhebt. Doch „reisen" Mehrwegverpackungen schon aus ökonomischen Gründen meist weniger als die Wegwerfkonkurrenz. Und auch die muss transportiert werden: einmal zum Befüllen und dann wieder als Abfall. Mehrweg ist damit die typische Verpackungsvariante für Waren regionaler Wirtschaftskreisläufe. Gerade die Mineralbrunnen und kleineren Brauereien können Deutschland flächendeckend auf kurzen Wegen versorgen. Das Einwegpfand hat deren Wettbewerbsnachteile gemindert und somit Arbeitsplätze erhalten. Mehrweg ist nicht nur umweltverträglicher, sondern verursacht auch weniger volkswirtschaftliche Kosten.

Wussten Sie schon...

- Mehrwegflaschen können 20- (PET) bis 40-mal (Glas) wieder befüllt werden.
- Würden alle Einweg- durch Mehrwegflaschen ersetzt, könnte Deutschland jährlich die Energie von ca. 350 Millionen Litern Heizöl sparen und Berlin 2 Monate lang mit Strom versorgen.
- Glas-Mehrwegflaschen verursachen 96 Prozent weniger Abfall als Glas-Einwegflaschen. Bei PET-Flaschen beträgt die Differenz immer noch 80 Prozent.
- Das Dosenpfand hat die Mehrwegquote bei Bier von 70 wieder auf stabile 90 Prozent gehoben.
- Rund ein Sechstel der jährlich auflaufenden deutschen Verpackungsabfälle entfallen auf Getränkeverpackungen. Die Schweiz plant, 2005 die Einführung eines Pfands auf PET-Einwegflaschen zu prüfen.

Tipps:

Wählen Sie Mehrweg. Ähnlich gut wie Mehrwegsysteme schneiden nur Schlauchpackungen, z.B. für Milch, und reine Kartons ohne Plastikanteil ab – wenn sie recycled werden. Bevorzugen Sie auch Marken aus der Region, damit senken Sie klimaschädliche Transporte und stärken die Wirtschaft vor Ort.

Um unterwegs nicht auf Dosen oder Wegwerfflaschen angewiesen zu sein, können Sie sich waschbare Freizeitflaschen zulegen. Bedenken Sie

auch: Thermosflaschen halten Getränke nicht nur warm, sondern ebenso kühl.
Lange Zeit war „Pfand“ gleichbedeutend mit „Mehrweg“. Die neue deutsche Pfandregelung hat das geändert: Das Pfand auf eine Dose fördert deren Rückgabe, ihre Umweltprobleme löst es nicht.
Wenn Sie auf Einwegverpackungen zurückgreifen müssen, entsorgen Sie diese bitte über die Sammelbehälter des „Grünen Punkts“.

Und das kommt dabei raus

Den „Einweg“ zu verlassen, ist nicht nur ökologisch sinnvoll, sondern auch finanziell attraktiv: Mehrere Untersuchungen konnten zeigen, dass Getränke in Mehrweggebinden, aber auch Produkte wie Shampoos oder Spülmittel in Nachfüllpackungen, mittlerweile in den meisten Fällen günstiger sind. Zudem sparen Sie auch „auf Umwegen“, denn die volkswirtschaftlichen Kosten der Einwegwirtschaft, besonders aus dem Bereich Abfall, fallen auf alle Verbraucher zurück.

18 Ab ins Wasser? – Lieber nicht!

Was haben Zigarettenkippen, Slipeinlagen und Katzenstreu gemeinsam? Täglich müssen Kläranlagen sie aus dem Abwasser fischen, obwohl sie dort definitiv nicht hingehören. Zwar sind heute fast alle Haushalte an die Kanalisation angeschlossen, das ist aber kein Freibrief, Klärwerke zur Müllentsorgung zu missbrauchen. Schließlich landet alles, was die Kläranlagen nicht aus dem Wasser entfernen können, in Flüssen, Seen oder im Meer. Fette und Öle verstopfen nicht nur die Hausabflüsse, in der Kanalisation bilden sie mit anderen Resten auch einen Nährboden für Bakterien, die sogar die Rohre angreifen können. Zuviel Öl kann überdies den fleißigen Mikroorganismen der biologischen Klärstufe den „Magen verderben". Sie müssen dann aufwändig mit zusätzlichem Sauerstoff versorgt werden, was die Kosten in die Höhe treibt. Noch schlimmer sind technische Öle: Sie richten in Klärwerken sowie unter den Gewässerlebewesen verheerende Schäden an und vergiften schon in kleinsten Mengen Millionen Liter Trinkwasser. Chemikalien jeglicher Art im Abwasser beschleunigen die Korrosion der Leitungen und gefährden die Umwelt, manche wirken zudem ähnlich wie natürliche Hormone. Auch Medikamente – seien sie über den Körper ausgeschieden oder schlicht ins Klo geworfen – wirken im Wasser katastrophal: Synthetische Östrogene aus der Antibabypille führen zum Verschwinden männlicher Fische und 1992 wurden erstmals Reste eines Lipidsenkers auch im Trinkwasser gefunden. Seit man genauer sucht, findet man im Wasser auch Antibiotika, Schmerzmittel, Psychopharmaka und andere Substanzen. Die Folgen für Umwelt und Gesundheit lassen sich noch kaum abschätzen.

Wussten Sie schon...

- Gut zehn Milliarden Kubikmeter Abwasser müssen in Deutschland jedes Jahr in Trinkwasser zurück verwandelt werden, das entspricht einem Fünftel der Wassermenge des Bodensees.
- Für eine ordentliche Wasseraufbereitung brauchen Klärwerke bis zu 2 Quadratmeter Fläche je Einwohner.
- In Deutschlands Untergrund liegen 450 000 Kilometer Abwässerkanäle, das reicht mehr als 10-mal um die Erde.
- Jedes Jahr sickern durch Lecks in diesen Kanälen rund 600 Millionen Kubikmeter Abwässer aus und schlimmstenfalls ins Grundwasser – mit allen enthaltenen Schadstoffen.
- Etwa eine Milliarde Menschen weltweit haben keinen Zugang zu sauberem Trinkwasser.

Tipps:

Will man sauberes Trinkwasser, gilt eine einfache Regel: Alles was rein kommt, muss auch wieder raus. Benutzen Sie Spüle oder Toilette daher nicht als Abfalleimer. Für Küchenabfälle, Speisereste oder andere feste Gegenstände gibt es Mülltonne und Kompost.

Frittieröle und -fette, gegebenenfalls in Flaschen gefüllt, können Sie bei einem städtischen Recyclinghof abliefern. Jede Verkaufsstelle für Maschinenöl, beispielsweise Ihre Tankstelle, ist verpflichtet, Altöl kostenlos entgegen zu nehmen. Lösungsmittel, Fotochemikalien, Farben und Lacke – auch wasserlösliche – gehören nicht in den Abfluss, sondern in die Sondermüllsammlung.
Geben Sie alte oder überflüssige Medikamente bei einer Apotheke oder bei kommunalen Sammelstellen ab.

Und das kommt dabei raus:

Abwassergebühren sind typische Bumerang-Kosten: Jeder Problemstoff, den Sie ins Abwasser kippen, kommt als Gebührenerhöhung zu Ihnen zurück. In Deutschland kostet die Rückverwandlung von Abwasser in Trinkwasser pro Kopf und Monat rund 10 Euro! Und wenn vom Müll im Wasser keine anderen „Rückstände" als höhere Kosten bleiben, ist das schon der günstigste Fall. Weil Kläranlagen nicht alle Gifte aus dem Wasser filtern können und wir noch nicht einmal alle kennen, ist es klug, die Selbstreinigungskraft der Gewässer nicht zu überschätzen.

19 Gar nicht putzig – Die meisten Reiniger sind einfach bescheuert

Ein Heer von Reinigungsmitteln wartet in den Regalen der Märkte nur darauf, uns das Scheuern abzunehmen. Und zwar auf Kosten der Umwelt, denn für die sind die kleinen Saubermänner nämlich gar nicht putzig: Auch wenn die Verpackungen Sauberkeit ohne Reue versprechen, sagen die meisten Formulierungen über die tatsächlichen Umweltbelastungen nichts. Nach geltender Rechtsprechung sind Aussagen wie „Bio" oder „umweltverträglich" ohne Erläuterung sogar unzulässig, werden aber immer wieder eingesetzt.

Besonders bedenklich: Immer mehr Anbieter entwerfen hygienische Horrorszenarien, um besorgten Müttern Desinfektionsmittel anzudrehen. Lassen Sie sich nicht von „Panik-Werbung" beeindrucken: Desinfektionsmittel gehören auf eine Krankenstation, aber nicht in die Wohnung. Essigessenz beseitigt Keime ausreichend. Kinder, die in einer keimfreien Umgebung aufwachsen, haben keine Chance, ein robustes Immunsystem zu entwickeln. Die – unnötigen – Biozide schädigen aber biologische Klärstufen ebenso wie Wasserlebewesen und bereiten Probleme bei der Trinkwasseraufbereitung.

Wussten Sie schon…

- Es gibt keine umweltfreundlichen Reinigungsmittel: Fast alle enthalten Tenside, die als „wassergefährdend" eingestuft sind
- Jedes Jahr gehen pro Kopf über 2 Kilogramm Haushaltsreiniger über den Tisch und letztlich ins Wasser.
- „Registriert beim Umweltbundesamt" *müssen* in Deutschland generell alle Mittel vor dem Vertrieb sein, damit ist keine Prüfung verbunden!
- Ebenso *müssen* die waschaktiven Inhaltsstoffe (Tenside) gemäß Wasch- und Reinigungsmittelgesetz biologisch abbaubar sein. Das bezieht sich aber nur auf den Verlust der ursprünglichen chemischen Struktur. Weitere, evtl. schädliche Zwischenstufen sind damit nicht ausgeschlossen.
- Ohne Tierversuche? In Deutschland sind Tierversuche für Wasch- und Reinigungsmittel gar nicht vorgeschrieben.

Tipps:

Auch wenn es die Hersteller der rund 54 000 Wasch- und Reinigungsmittel auf dem deutschsprachigen Markt nicht freuen wird: Die meisten ihrer Produkte sind nicht nur flüssig, sondern überflüssig. Um im Haushalt klar Schiff zu machen, bedarf es keiner Armada an Putzmitteln. (Schmier-)Seife und Spiritus gegen Fette sowie Essig oder Zitronensäure gegen Kalk genügen, dass Boden, Armaturen und Fenster wieder strahlen. Weniger Reiniger und mehr Schrubben helfen der Umwelt und

Ihrem Geldbeutel am meisten, Dosiersysteme können dabei einen sparsamen Gebrauch fördern.
Zum „Selberbrauen“: ein Teelöffel Borax und zwei Teelöffel Essig in zwei Tassen heißem Wasser gelöst, ergeben ein wirksames Allzweckreiniger-Konzentrat. Etwas Handspülmittel und Spiritus in klarem Wasser setzen auch Profis zum Fensterputzen ein, der perfekte Durchblick kommt mit dem geübten Einsatz einer Gummilippe. Ein halbes Päckchen Backpulver in etwas heißem Wasser aufgelöst entfernt Angebranntes aus Töpfen, beseitigt den Fettfilm von Küchenmöbeln und offen in den Kühlschrank gestellt neutralisiert es zudem Geruch. Ihre Oma kennt wahrscheinlich noch etliche solcher Tipps. Aber auch moderne Technik hat ihre starken Seiten: Mikrofasertücher können manchen Nasswischgang ersparen. WC-Beckensteine oder Wasserkastenzusätze reinigen nicht, sondern suggerieren Sauberkeit. Ebenso verbessern Luftverbesserer nichts, sondern übertönen ungewünschte Gerüche mit fragwürdiger Chemie.

Und das kommt dabei raus:

Wie viel Geld haben Sie in Ihrem Putzschrank versenkt? Versuchen Sie einmal mit der genannten Minimalausrüstung zu Recht zu kommen und zählen Sie das Gesparte zusammen – Sie werden staunen! Neben der Haushaltskasse werden es Ihnen Wassergetier und Atmosphäre danken.

Alles im Grünen Bereich

Gartenreich

Sie haben einen Garten, einen Balkon, einen Innenhof? Sie *können* die Welt retten! Zumindest ein Stück heimische Tier- und Pflanzenwelt. Dem passionierten Schreber wie dem König von Balkonien eröffnen sich da zahlreiche Handlungs-, oder besser: Nichthandlungsmöglichkeiten, denn in den meisten Fällen müssen Sie gar nichts tun, sondern viel mehr ganz gelassen manches einfach... lassen. Und das kostet bekanntlich nur Zurückhaltung.

Jemand zu Hause?

Doch zunächst ein Blick in Wald und Flur. Wie steht es da um Tiere und Pflanzen? Hier Inventar zu führen, obliegt den Roten Listen. Regelmäßig berichten sie, wie weit wir unseren biologischen Reichtum schon geplündert haben. Oder, freundlicher gesagt: eingetauscht – gegen leer geräumte Agrarflächen und sterile Forste, Autobahnen und Industrieparks, begradigte Flüsse oder traumhafte Wohnanlagen im Grünen. Die Situation bei den Schmetterlingen vermittelt ein gutes Bild davon, wie es generell um die Bestände der Tierarten in unseren Breiten bestellt ist: Nur noch etwa die Hälfte gilt als ungefährdet, 40 Prozent sind unterschiedlich ernst bedroht und rund 3 Prozent für immer verschwunden. Daneben gibt es Tiergruppen, denen es recht gut geht, ebenso wie solche, deren Vertreter sämtlich vom Aussterben bedroht oder bereits ausgestorben sind. Für das Gros der Pflanzen gelten in etwa die selben Zahlenverhältnisse wie bei den Tierarten.
Der Verlust an Lebensräumen, Biotopen, gilt als wichtigster Grund des weltweiten beschleunigten Artenschwunds, der in Mitteleuropa eine längere Tradition hat. Nur noch 6 Prozent der deutschen Biotope, die auch als schutzwürdig erachtet werden, fallen unter die Kategorie „ungefährdet". Fast 70 Prozent dagegen sind gefährdet, 15 Prozent gar „von vollständiger Vernichtung bedroht". Das Bundesamt für Naturschutz stuft ein gutes Drittel der gefährdeten Biotoptypen als nicht oder kaum regenerierbar ein und fährt fort: „Bei all diesen Typen ist davon

auszugehen, dass Bestandseinbußen zumindest innerhalb planbarer bzw. überschaubarer Zeiträume weder im Rahmen natürlicher Entwicklungsprozesse noch durch gezielte Maßnahmen des Naturschutzes kompensiert werden können." Heißt auf deutsch: Wenn die weg sind, sind sie weg. Mit ihren angestammten Lebensräumen verschwinden dann die Tier- und Pflanzenarten, besonders jene, die sich nicht an andere Umgebungen anpassen können.
Sozusagen auf den letzten Drücker soll es nun ein europaweiter Biotopverbund richten. Das Netzwerk NATURA 2000 wird, geht die Rechnung auf, verschiedene Lebensräume so miteinander verknüpfen, dass nicht isolierte Naturschutzgebiete nebeneinander her vegetieren, sondern lebendige Korridore entstehen, die besonders auch über das Wohl und Wehe wandernder Spezies entscheiden können. Ihr Beitrag – auf dem Balkon, im Innenhof oder Garten – kann als Mosaikstein dazu beitragen.

Surrogate

Während echte Natur schwindet, nehmen v. a. in der Werbung naturidentische Versatzstücke zu, als glatt gebügelte optische Aromastoffe. Da springt der Delphin lustig neben der segelnden Zigarette, Autos gleiten grundsätzlich auf einsamen Küstenstraßen dahin und der Centerpark lockt mit Naturersatz unter Glas.
Diese Haltung gegenüber Natur ist nicht neu, sondern uralt. Aus den Tagen, als es noch ums nackte Überleben ging – der „Höhlenbär" oder ich – ist dem Menschen die tief eingewurzelte Empfindung der Natur als Bedrohung geblieben, die es zurück zu drängen oder zu zähmen gilt. Die Idee der gefügig gemachten Natur findet ihre Vollendung im Barockgarten, wo Lebendiges nur als „zu Gestaltendes" begriffen wird – Spiegelbild des absolutistischen Herrschaftsanspruchs. Joseph Addison, Wegbereiter des – vermeintlich naturnäheren – englischen Gartenstils, notierte zur Entstehung seines Ansatzes: „Die artigste Landschaft, welche ich jemals gesehen, war eine Zeichnung an den Wänden eines dunklen Zimmers ...". Ein Entwurf also, nicht die Wirklichkeit der Wildnis, prägte sein Ideal. Folgerichtig führt er den Gedanken zu dem Ende, „dass die Werke der Natur um desto angenehmer sind, je mehr sie den Werken der Kunst

gleichen". Hinter dem totdesignten Barockgarten und der naturtümelnden Landschaftsgärtnerei im Englischen Stile steht letztlich der gleiche Wunsch: Es muss doch eine bessere Natur geben als die natürliche. Dieses Streben, der Natur eine höhere Ordnung überzustülpen, schwingt fort in vielen heutigen Privatgärten und Stadtparks, die vielfach immer noch wirken wie die Verlängerung eines aufgeräumten Wohnzimmers. Doch es zeichnet sich eine Trendwende ab. Stetig wächst die Zahl der Pflanzenbegeisterten, die sich nicht nur für Natur, sondern auch für naturgemäßen Gartenbau interessieren. Wünschen Sie sich auch mal etwas anderes als Tennisrasen mit Thuja-Einfassung? Haben Sie genug vom Koniferen-Einheitsgrün?

Letzte Zuflucht Stadt

Der Ökogärtner unterscheidet sich vom Normalgärtner in seiner Haltung gegenüber dem Garten und seinen Bewohnern. Er sieht sich nicht als Alleinherrscher des Gartens und wird den tierischen Mitbewohnern ihren Teil gönnen, statt mit Spritzmitteln gegen weniger beliebte Gäste vorzurücken. Vor 50 Jahren noch wurde z.B. der Sperling als angeblicher Schädling unerbittlich verfolgt. Im Jahr 2002 hat es das ehemalige Ungeziefer ob seines rapiden Rückgangs zum Vogel des Jahres gebracht. Aus der Einstellung also ergeben sich automatisch die Methoden, die Sie zum Teil in den folgenden Kapiteln vorgeschlagen finden und mit denen Sie das Angebot an Lebensraum für heimische Arten wesentlich ergänzen können. Schon vor Jahren belegte eine Schweizer Untersuchung, dass sogar gut begrünte Siedlungsbereiche eine höhere Artenvielfalt zu bieten haben als landwirtschaftlich intensiv genutzte Flächen. Suchte man in typischen Kleinstädten mit Wohn-, aber auch Industriegebieten, umgeben von Äckern und Wiesen, nach empfindlichen Spezies, so hatten die kleinräumigen Strukturen der Siedlungen in jeder Hinsicht mehr zu bieten als die Agrarsteppe. Waren es Gehäuseschnecken, Vögel oder Tagfalter, die Artenzahl aller untersuchten Spezies in Gärten, Grünzügen und Parks lag ein Vielfaches über der im Zugriffsbereich der Hochleistungslandwirtschaft. Etliche neuere Zählungen bestätigen den Trend: Städtisches Grün ersetzt vielen Tieren das natürliche Habitat. Dies

darf uns aber nicht darüber hinwegtäuschen, dass in den Siedlungsgebieten die Zahl z.B. der Vogelarten während der letzten 150 Jahre lediglich *weniger stark* zurückgegangen ist. Die Landflucht der Tiere spricht also weniger *für* die Städte als *gegen* den Umgang mit ihren Lebensräumen auf dem freien Land. Und so werden auch die natürlichsten Gärten Pflanzen- oder Tierarten mit sehr speziellen Ansprüchen nicht retten können. Brachvögel besiedeln eben nur weite, offene Wiesenflächen und Bekassinen brauchen weiche, feuchte Böden, um darin nach Würmern und Insektenlarven zu stochern. Nicht umsonst unterteilen Zoologen die Tierwelt bereits in „winner" und „looser" – Opportunisten, die auch in der Nähe des Menschen und überformter Landschaften ein Auskommen finden, oder Aussterbende, deren einzige Nische sich gerade schließt.
Dennoch ist es wichtig, in Gärten Refugien zu schaffen bzw. entstehen zu lassen, findet man doch sogar im engeren Stadtgebiet Hannover knapp die Hälfte aller Brutvogelarten Niedersachsens vertreten.
In Deutschland nehmen die 17 Millionen Gärten mit insgesamt 2 Prozent der Landesfläche fast schon so viel Raum ein wie alle Naturschutzgebiete. Entsteht hier Natur „aus zweiter Hand", können wir die missliche Lage für viele Arten immerhin entschärfen. Hier finden sie Rastplätze und Gelegenheit, sich – wenn auch auf Sparflamme – zu vermehren, bis sie vielleicht ihre ehemaligen Heimaten wieder besiedeln können.
Lassen Sie sich überraschen, welche nie zuvor beobachteten Tiere vor Ihrer Terrasse auftauchen. Allein an die 30 bedrohte Hummelarten suchen ein Zuhause. Keine Angst, wenn die ungiftige Ringelnatter im Sommer ihre Eier in den wärmenden Komposthaufen legt und bald kleine Nattern von dannen schlängeln. Im naturnahen Garten oder auf dem bewachsenen Balkon können Sie was erleben!

20 Daheim ist daheim – Tiere brauchen Pflanzen, die sie kennen

Hauptsache, Blumen oder Sträucher blühen bunt und duften angenehm? Nicht ganz! Die Vielfalt der Blütenpflanzen bietet einer Unzahl von Tieren Nahrung und Zuhause. Viele Zierpflanzen in deutschen Gärten können diese Funktion aber nicht erfüllen: Sie stammen aus weit entlegenen Breiten und nutzen hiesigen Tieren wenig, sind manchmal sogar giftig für sie. Häufig werden solche Ziergewächse unfruchtbar gezüchtet, liefern also weder Pollen noch Früchte, oder sie tragen Beeren, mit denen unsere Vögel nichts anzufangen wissen. Manche der eingeführten Pflanzen (Neophyten) können sich sogar zu einer Bedrohung für die heimische Flora entwickeln, wenn sie hier auf einmalig günstige Bedingungen treffen, die regulierenden Faktoren ihrer ursprünglichen Standorte aber fehlen. Dann verdrängen sie die heimische Vegetation und damit die an sie angepassten Tierarten. Bekannte Beispiele sind Goldrute, Springkraut oder Bärenklau.

Je mehr natürliche Lebensräume verloren gehen – fast zwei Drittel unserer großen Falter stehen bereits auf der Roten Liste –, umso mehr gewinnen naturnahe Gärten als Ersatzbiotope an Bedeutung. Treten heimische Blumen, Stauden und Bäume an die Stelle von Einheitsrasen, Rhododendron, Scheinzypresse oder Serbischer Fichte und Thujahecke, dann stellt sich zunächst eine farbige Insektenfauna ein, darunter seltene Schmetterlinge und Wildbienen.

Wussten Sie schon...

- An den roten Beeren der Eberesche laben sich 63 Vogelarten, den Weißdorn besuchen gar 163 Insektenarten – ein Paradies für insektenfressende Sänger.
- 90 Prozent der exotischen Pflanzen sind für Schmetterlingsraupen ungenießbar.
- Über 80 Prozent der hiesigen Schmetterlinge sind nachtaktiv. Daher entfalten etliche Pflanzen erst in der Dämmerung ihr volles Aroma.

- Besonders im Spätsommer leiden Nektarsucher Not. Die häufig unter Silberlinden liegenden Hummeln sind schlicht verhungert.
- Das deutsche Bundesamt für Naturschutz hat rund 1000 eingeschleppte Pflanzenarten gezählt. Wann eine Art zur Plage wird, ist nicht vorherzusehen, die ökonomischen Folgen schwierig zu schätzen.

Tipps:

Kaufen Sie nur Sämereien, die nachweislich aus heimischen Arten gewonnen wurden. Viele sogenannte Wildblumenmischungen aus dem „Gartenmarkt um die Ecke" enthalten Samen aus aller Welt und gelten als ein wichtiger Grund für Florenverfälschung.
Die meisten heimischen Wildblumen gedeihen auf mageren Böden. Oft müssen Sie daher den Nährstoffgehalt des Bodens durch eine Sandbeimischung senken. Sorgen Sie für Vielfalt im Garten und auf dem Balkon: Bieten Sie ein breites Spektrum an Blütenpflanzen an, das die *gesamte* Vegetationsperiode abdeckt. Im Frühjahr blühen z.B. Blaustern, Schlüsselblume, Seidelbast und Margerite, im Herbst spenden Astern oder Purpur-Fetthenne noch Nektar. Schmetterlinge können Sie ganz gezielt anlocken: Bei vielen Arten haben sich die Raupen auf eine bestimmte Nahrungspflanze spezialisiert. Nur wo sie diese finden, können sie sich verpuppen. Nachtfalter lieben Geißblatt, Nachtkerze, Nachtlichtnelke und Nickendes Leimkraut. Über ein Gemüsebeet mit Dill, Kümmel, Fenchel, Pastinak oder Sellerie freuen sich viele kleine Insekten. Vielleicht versuchen Sie es auch mal mit seltenen alten Sorten.
Lassen Sie sich von Öko-Gärtnern beraten, welche Pflanzen am besten zu den Standortbedingungen in Ihrem Garten passen. Adressen spezialisierter Wildpflanzen-Gärtnereien und Samenlieferanten nennen Ihnen z.B. die Bioland-Betriebe (www.bioland.de), der Naturgarten e.V. (www.naturgarten.org) oder der Naturschutzbund Deutschland (www.nabu.de).

Und das kommt dabei raus:

Sparen Sie sich das Geld für extravagante Gewächse aus „Hinterindien“, die die hungrige Tierwelt hier nicht interessieren. Heimische Pflanzen aus ökologischer Zucht kommen besser an, sind zudem vermehrungsfähig und müssen nicht immer wieder nachgekauft werden.

21 Ein Heim für kleine Tiere passt sogar auf den Balkon

Ordnung muss sein. Getreu diesem Motto wird auch in der Natur gründlich aufgeräumt. Tiere auf Wohnungssuche haben ganz andere Prioritäten: Wo morsche Bäume oder Unterholz fehlen, wo sandige Abbrüche und Ödland schnell wieder unter Anpflanzungen verschwinden, werden Höhlenbrüter, Wildbienen und viele andere obdachlos. Gerade die kaum bekannten Wildbienen, nicht-staatenbildende Verwandte der berühmten Honigbienen, sind mit wenig zufrieden – einige Holunder- oder Schilfbündel genügen als Niströhren – und spannend zu beobachten. Wer ihnen Unterschlupf gewährt, im Garten oder auf der Terrasse, muss keine Stiche fürchten: Sie sind harmlos und friedlich.
Auch Tiere, die sich schon seit jeher in der Nähe des Menschen aufhalten, wie Fledermäuse oder Schleiereulen, finden in der heute üblichen, perfekt nischenlosen Architektur keine Unterkunft mehr. Sie brauchen Ersatzhöhlen.
Nisthilfen für Insekten und Vögel gibt es zu kaufen, sind aber auch leicht selbst zu basteln. Noch anspruchsloser sind Igel und anderes Kleingetier. Ihnen ist schon geholfen, wenn im Garten eben nicht preußische Ordnung herrscht, sondern Laub auch mal in einer Ecke über Winter liegen bleiben darf...

Wussten Sie schon...

- In Deutschland kommen mehr als 500 Wildbienenarten vor, immer mehr davon müssen jedoch in der Roten Liste geführt werden.
- Ein simples Schilfbündel kann leicht zum „Etagenhaus“ für über fünfzig verschiedene Gliedertierarten werden.
- Zitronenfalter überstehen dank eines Frostschutzmittels im Blut bis −20 °C Kälte. Die meisten Schmetterlinge allerdings brauchen einen frostsicheren Überwinterungsplatz.
- Admirale ziehen zu Herbstbeginn bis nach Nordafrika. Vor der Reise müssen sie sich aber stärken können, z. B. an Fallobst.

Tipps:

Versehen Sie Insektennistblöcke aus Hartholz – Erle, Buche, Eiche oder Esche – mit Löchern von 1 bis 10 Millimetern Durchmesser, 20 bis 100 Millimetern Tiefe und in einem Abstand von 20 Millimetern, ohne sie ganz zu durchbohren. Weichholz quillt bei Feuchtigkeit und kann die Larven zerdrücken. Waagrecht aufgehängte Bündel aus rund 8 Zentimeter langen Stücken markhaltiger Pflanzenstängel wie Brombeere, Holunder, Sommerflieder oder auch Bambusrohr werden ebenso gerne bezogen, halten aber nur ein Jahr.

Bieten Sie gerade den weniger häufigen Vögeln Nistmöglichkeiten an, beispielsweise Halbhöhlen für Gartenrotschwanz, Grauschnäpper oder Bachstelze. Im Winter zieht manchmal ein Siebenschläfer ein. Halb eingegraben wird sogar ein alter Eimer oder Übertopf zum Nistplatz für Rotkehlchen. Reinigen Sie Brutkästen ohne Insektenspray.

Harken Sie Laub nicht restlos weg, sondern lassen Sie Reisighaufen liegen – hier können Igelnester entstehen. Räumen oder brennen Sie die Hügel daher im Frühjahr nicht ab, ohne sie auf Bewohner zu prüfen.

Auch verblühte Blumen können im Winter noch als Nahrung dienen.

Achten Sie bei allen Nisthilfen darauf, dass die Materialien nicht mit Holzschutzmittel imprägniert sind. Benutzen Sie stattdessen Leinöl.

Unvermörtelte Trockenmauern eröffnen Überlebensräume für den Zaunkönig, Mauswiesel, Erd- und Wechselkröten sowie Zauneidechsen.

Detaillierte Anleitungen zu den hier genannten Anregungen erhalten Sie beim örtlichen Naturschutzverband, auf den Internetseiten der Umweltverbände oder bei den Naturschutzbehörden.

Und das kommt dabei raus:

Bis aus normalem Rasen ein englischer wird, bedarf es 200 Jahre Intensivbearbeitung. Auch sparen Sie sich einige Arbeit, wenn Sie sich vom Sauberkeitsideal der Landschaftspolizei lösen und den Garten etwas verwildern lassen. Mit Glück und Geduld werden Sie dann mit spannenden Einblicken ins Leben unserer heimischen Tierwelt belohnt, die sicher auch Kinder faszinieren.

22 Giftfreier Garten – Pestizide sind gefährlich, ohne geht 's auch

Unkraut zwischen den Steinplatten, Blattläuse auf der Blütenpracht – warum lange fackeln, das erledigen Pestizide doch im Handumdrehen. Fast jeder zweite Hobbygärtner sieht das so, doch dem kurzfristigen Nutzen stehen zu viele langfristige Nachteile entgegen. Synthetische Unkraut- und Insektenvernichter beschränken sich trotz der Versprechen der Hersteller nicht auf ihre eigentlichen Ziele, sondern stören die Bodenfauna, sickern ins Grundwasser und sind für jeden siebten Eintrag in die Rote Liste bedrohter Arten verantwortlich. Zu ihren schwerwiegenden Nebenwirkungen zählen Krebs, genetische Defekte und Unfruchtbarkeit. Fressen Vögel vergiftete Insekten, können sie Schaden an Immun- und Nervensystem nehmen. Die EU listet bereits über 60 Chemikalien, die vermutlich unser Hormonsystem beeinflussen, darunter der beliebte Ausputzer Diuron, mit dem sich Anwender schnell strafbar machen: Auf

Wegen, Einfahrten, Terrassen oder anderen befestigten Flächen Gift zu spritzen, ist in Deutschland nach § 6 des Pflanzenschutzgesetzes schlicht verboten.

Wussten Sie schon...

- Auf deutsche Gärten gehen pro Jahr über 500 Tonnen Pestizide nieder. Damit werden pro Quadratmeter Hausgarten mehr Spritzmittel eingesetzt als in der Landwirtschaft.
- Eine Kohlmeisenfamilie verschlingt im Jahr rund 30 Kilogramm an Kerbtieren, bis zu 36 Kilogramm Schädlinge schafft der ungeliebte Maulwurf ganz allein.
- Eine einzige Florfliegenlarve beseitigt innerhalb ihrer zweiwöchigen Entwicklung 400 bis 500 Blattläuse.

Tipps:

Wie in der Landwirtschaft können sich Schädlinge auch im Garten nur in Monokulturen explosionsartig vermehren. In einem bunt gemischten Garten heimischer Pflanzen, am besten mit Wasserstellen, verhindert das ökologische Gleichgewicht Massenauftreten von Blattlaus & Co.
Je bessere Lebensbedingungen Sie für Nützlinge schaffen, um so weniger Chancen haben Schädlinge. Auf Blattläuse stürzen sich Flor- und Schwebfliegen, Schlupfwespen oder der genügsame Marienkäfer. Ihm reicht schon ein schmaler Buschstreifen oder Balkon zum Überleben. Igel und Eidechsen machen Jagd auf Schnecken, gegen die ansonsten auch koffeinhaltige Brühe hilft.
Ausstechen, Abflammen und kochendes Wasser haben sich als giftfreie Methoden gegen Unkraut bewährt und gefährden bei der Anwendung nicht Ihre Gesundheit. Um Löwenzahn und andere Pflanzen mit Pfahlwurzeln los zu werden, genügt normales Kochsalz. Kämpfen Sie nicht gegen Windmühlen, will heißen, die jeweiligen Standortbedingungen: In dunklen, feuchten Bereichen eines Gartens wird sich Rasen niemals gegen Moose durchsetzen, egal wie viel Moosvertilger Sie nachgießen. Ihre Ernte schützen Sie mit Pflanzen, die durch ihren Duft Insekten entweder auf sich ziehen oder vertreiben. Erdflöhe verschonen z. B. Kohlköpfe,

die zwischen Salat und Spinat stehen und ist uns auch der Duft von Kräuterbeeten angenehm, viele Schädlinge finden ihn eklig.
Wenn Sie noch alte Spritzmittel im Schrank haben, bringen Sie diese zu einer Sammelstelle oder prüfen Sie zumindest, ob sie überhaupt noch zugelassen sind.

Und das kommt dabei raus:

Entsprechend der Kleinstmengenverordnung dürfen Spritzmittel an Privatpersonen nur in geringem Umfang abgegeben werden und kleinere Packungen sind, wie überall, überproportional teuer: Das angeblich ungefährliche Glyphosat kostet ca. 30 Euro (oder ca. 46 sFr) pro Liter. Investieren Sie diese Summe lieber in ein Fachbuch über naturnahes Gärtnern. Auch die versteckten Kosten der Spritzmittel stellen sich in barer Münze bei uns ein: Wasserwerke müssen nicht zuletzt aufgrund steigender Giftfrachten in ihren Zuläufen regelmäßig die Preise anheben. Am besten, Sie sparen sich die chemische Keule und lassen die Nützlinge die Arbeit für Sie erledigen – ganz umsonst. Bewährte Hausmittel können Sie leicht selber, billig und bedarfsgenau herstellen.

23 Torf – 10 000 Jahre Urlandschaft in die Rabatten

Die Moore waren den Menschen schon immer unheimlich und als nasse, aber arme Böden gaben sie auch landwirtschaftlich nichts her. So ging man schon früh daran, Feuchtgebiete trocken zu legen und Torf zu stechen. In der Folge verschwanden die deutschen Hochmoore im Laufe des 20. Jahrhunderts fast völlig. Die Reste der heiklen Ökosysteme haben aber noch immer keine Ruhe. Allein in Deutschland werden jährlich 9 Millionen Kubikmeter für Pflanzendünger, Aktivkohle oder – zum geringsten Teil – medizinischen Badetorf abgebaut. Die zum Abbau

freigegebenen Gebiete werden dadurch in spätestens dreißig Jahren ebenfalls vernichtet sein. Weil die hiesige Förderung nicht genügt und die letzten Moore unter Schutz gestellt werden, wird Torf aus dem Baltikum, Russland und Polen importiert, wo kaum wirksame Naturschutzvorschriften existieren. Den letzten großflächigen und ursprünglichen Moorlandschaften Europas droht damit das Aus. Torfabbau zerstört selten gewordene Lebensräume für zahlreiche vom Aussterben bedrohte Tier- und Pflanzenarten. Auf der Roten Liste stehen unter anderen Birkhuhn, Bekassine und Fischotter sowie an die hundert einzigartige Pflanzen, darunter Orchideen, die auf nährstoffarme Standorte angewiesen sind.
Überdies trägt der Raubbau zum Treibhauseffekt bei. Geschädigte Moore setzen riesige Mengen an Kohlendioxid und Lachgas frei – ein Prozess, der auch durch Renaturierungsmaßnahmen wie Wiedervernässen nicht in den Griff zu bekommen ist.

Wussten Sie schon...

- Um einen Zentimeter zu wachsen, braucht ein Moor 1 000 Jahre.
- Von den einst 9 000 Quadratkilometern deutscher Moorgebiete gelten heute vielleicht noch 5 bis 7 Prozent als intakt.
- Ein Hektar lebendes Hochmoor kann im Jahr etwa 2 Tonnen Kohlendioxid binden. Da sich pflanzliches Material in Mooren nicht zersetzt, gehören sie zu den wichtigsten Kohlenstoffspeichern.
- Allein die Schweiz führt jedes Jahr 200 000 Tonnen Torf ein.

Tipps:

Verzichten Sie auf Torf im Garten. Er ist nährstoffarm und sauer, steigert also keineswegs die Bodenqualität, wie gemeinhin behauptet. Bodenlebewesen bietet er keinen geeigneten Lebensraum und seine stukturverbessernde Wirkung hält nicht lange vor. Auch Blumenerde besteht oft noch zu einem großen Teil aus Torf. Wählen Sie lieber eine Blumenerde, die mit heimischem Durchforstungsholz versetzt ist. Torf lässt sich leicht durch bessere Materialien ersetzen: Kompost enthält wesentlich mehr Nährstoffe als Torf, besitzt einen höheren pH-Wert und bewirkt eine anhaltende Strukturverbesserung des Bodens. Ähnlich wirkt Rindenhumus, also fermentierter Rindenmulch. Er verbessert die Bodenstruktur, fördert die biologische Aktivität und wird zudem auf Pflanzenverträglichkeit sowie Schadstoffe untersucht. Geht es nur darum, den Boden aufzulockern, tut es auch Chinaschilf, wie es im biologischen Gartenbau eingesetzt wird, oder Kokosfasern. Sie zeichnen sich durch gute Wasseraufnahme aus und sind trotz der langen Transportwege umweltverträglicher als Torfabbau. Mischen Sie ca. 40 Prozent normaler Gartenerde, 40 Prozent reifen Kompost und 20 Prozent Sand und Sie halten eine ökologisch einwandfreie, billige Alternative zu torfhaltigen Pflanzenerden in den Händen.

Und das kommt dabei raus:

Torf aus Ihrem Garten zu verbannen, kostet Sie gar nichts und nützt dem Boden sogar. Sie helfen mit, die Zerstörung der Moore zu stoppen, bevor diese raren Biotope mit ihrer hoch spezialisierten Tier- und Pflanzenwelt verschwinden. Sie kommen frühestens in ein paar tausend Jahren wieder...

24 Viva Komposta – Vom Abfall zum schwarzen Gold des Gärtners

Lange Zeit galt der Komposthaufen als anrüchiges Denkmal rückständiger „Krauter". Erst als man erkannte, dass die klinisch reinen Kunstdünger langfristig den Boden auszehren, setzte ein Umdenken ein. Die kleine, keineswegs schlechte Kompostiermethode ist das simple Aufschichten und Liegenlassen. So entsteht im Lauf eines guten Jahres aus organischen Abfällen perfekte Erde. Mit etwas mehr Zuwendung und gutem Timing liefert der Komposthaufen binnen sechs Monaten hochwertigen nährstoffreichen Dünger inkl. Bonusleistungen: Kompost enthält etwa je 1 Prozent Stickstoff und Kali sowie 0,5 Prozent Phosphor, daneben Kalk und wichtige Spurenelemente. Seine natürlichen Antibiotika wehren Pflanzenkrankheiten wie die Salatfäule ab, er schützt sandige Böden vor Erosion und stabilisiert das Bodenmikroklima.

Wussten Sie schon...

- Bereits die alten Chinesen pflegten vor Jahrtausenden die Kunst des Kompostierens.
- Gut 40 Prozent des Hausabfalls besteht aus organischem Material, das sich bestens zum Kompostieren eignet.
- Je Einwohner lassen sich mittels Kompostieren jährlich rund 100 Kilogramm Müll zu 50 Kilogramm Humus aufwerten.
- In einem Gramm gesunder Gartenerde tummeln sich etwa 20 Milliarden Lebewesen.

Tipps:

Kompostieren jenseits der reinen Abfallbeseitigung ist zwar kein Hexenwerk, aber eine kleine Kunst. Etwas Lektüre kann nicht schaden, etliche Gemeinden verteilen spezielle Ratgeber kostenlos. Bevor Sie loslegen, sollten Sie sicherstellen, dass ein ungefähr 4 Quadratmeter großer Platz in schattiger, windgeschützter Lage für die Komposthalde frei ist und auch die Nachbarn nichts einzuwenden haben. Einige Bundesländer haben hierfür eigene Vorschriften erlassen. Ein 4- bis 5-Personenhaushalt mit 100 Quadratmetern Garten füllt eine Halde mit etwa zwei Kubikmetern Fassungsvermögen.

Lassen Sie sich keine teuren Kompostiergeräte andrehen. Laut Stiftung Warentest reicht für unproblematische Garten- und Küchenabfälle ein einfacher Holzlattenkomposter – selbst gebaut oder für 20 bis 40 Euro zu erstehen – völlig aus. Ein Drahtgeflecht hält Ratten und andere Eindringlinge ab. Auf engstem Raum bietet die Komposttonne noch eine gute Alternative. Wichtig ist vor allem eine allseitig gute Belüftung, denn Bodenmikroorganismen, Regenwürmer und Gehilfen brauchen Sauerstoff, um die Abfälle ohne üblen Geruch zu verarbeiten.

Auf einer Grundlage aus Zweigen können Sie eigentlich alles pflanzliche Material aus Garten und Küche stapeln, solange Sie die verschiedenen

Komponenten gut durchmischen und Küchenabfälle mit Erde oder einer dünnen Schicht Steinmehl abdecken.
Problemmaterial wie Wurzelunkräuter, erkrankte Pflanzen oder anderes hygienisch Bedenkliches gehört in die Mitte des Ansatzes, wo zu Beginn des Zerfallsprozesses – zumindest in größeren Halden ab 3 Kubikmetern – Temperaturen bis 65 °C für die Desinfektion sorgen. Ausnahme können hier zähe Dauersporen, beispielsweise der Kohlhernie, sein.
Um eingeschleppte Krankheitskeime sicher abzutöten, sollte das Kompostmaterial nicht weniger als vier bis sechs Monate liegen. Kompost muss gelegentlich umgesetzt werden, eine Arbeit, von der sich Asthmatiker aufgrund umherfliegender Keime fern halten sollten.
Geben Sie pro Jahr nicht mehr als 5 Liter Kompost auf einen Quadratmeter und graben Sie nicht (!) um. Das stellt ohnehin nur die ausdifferenzierte Bodenschichtung auf den Kopf und würde den lebendigen Humus ersticken – Harken oder Auflockern genügt.

Und das kommt dabei raus:

Guter Kompost ersetzt Dünger und Pflanzenerde oder Torf, Ausgaben hierfür gehören der Vergangenheit an. Daneben können konsequente Kompostierer Abfallgebühren sparen. Wie viel, das hängt von den kommunalen Rahmenbedingungen ab, aber bis zu 30 Prozent sind drin – u.a. durch Befreiung von der Biotonne. Erfragen Sie die genauen Sparmöglichkeiten bei Ihrer örtlichen Verwaltung. Sie können das Kompostieren auch der Gemeinde überlassen und bei den kommunalen Kompostwerken für wenig Geld, etwa 2 Euro (oder ca. 3 sFr) für 50 Liter, das Endprodukt abholen. Wildes „Kompostieren" in Wald und Flur spart übrigens gar nichts, sondern zieht vielmehr – weil verboten – empfindliche Geldbußen nach sich.

25 Rasenmäher – Giftzwerge im Geräteschuppen

Ist von Luftverschmutzung und Klimabelastung die Rede, denken wir zuerst an die Industrie oder den Straßenverkehr und vergessen gerne die Armee der motorisierten Helferlein im Garten. Ein besonders übler Geselle aus Sicht der Umwelt ist der benzingetriebene Rasenmäher.
Sie meinen, so ein kleiner Kerl könne niemals so schädlich sein wie ein Auto? Irrtum! Die unnötigen Mengen an Kohlendioxid sind ja nur eine unerwünschte Nebenwirkung seines 2-Takt-Motors. Viel schwerer wiegen Schadstoffe wie Stickoxide (NO_x), polyzyklische aromatische Kohlenwasserstoffe (PAK), Kohlenmonoxid (CO) – typische Mäher verbreiten pro Stunde mehr als ein halbes Kilogramm dieses Atemgiftes – und lungenschädigende Partikel.
An sonnigen Tagen tragen diese Substanzen erheblich zum Sommersmog bei und führen zu enormen Konzentrationen von bodennahem Ozon im schönen Garten. Besonders gesundheitsschädlich sind schließlich Abgasbestandteile wie das stark krebserregende Benzol bzw. Benzopyren zu nennen. Im Gefolge eines solchen Benziners herrscht also richtig dicke Luft und die Heimgärtner schuften mitten in der Abgasfahne.
Der Rasenmäher steht übrigens stellvertretend für all die knatternden Gartenverschönerer wie Rasentrimmer, automatische Heckenschere, Motorsense und -säge, Häcksler oder Saugbläser. Oberstes Gebot bei der Entwicklung ihrer Motoren war bislang hohe Leistung bei minimalen Kosten. Die EU hat inzwischen reagiert und 2002 eine Verordnung erlassen, welche die Emissionen „kleiner Benzinmotoren“ begrenzt.

Wussten Sie schon...

- Die vielen kleinen, jedoch hochemittierenden Motoren in der Gartenpflege verursachen neben den landwirtschaftlichen Maschinen die größten Schadstoffmengen abseits der Straßen.
- Rasenmäher mit 2-Takt-Motoren setzen 90-mal so viel Kohlenmonoxid frei wie im Straßenverkehr zulässig.

- Während einer Stunde Betrieb produziert ein Rasenmäher mit 2-Takt-Motor so viel Kohlenwasserstoffe wie 200 Autos mit Katalysator, ein 4-Takter nimmt es immer noch mit 26 Autos auf.
- Mit einer Stunde Rasenmähen erzeugen Sie so viele gesundheitsschädliche polyzyklische aromatische Kohlenwasserstoffe (PAK) wie mit einer 150 Kilometer weiten Autofahrt.
- Moderne Mäher können den Benzolausstoß gegenüber alten Kisten um den Faktor 400 (!) reduzieren.

Tipps:

Die leiseste und günstigste Lösung, das Grün niedrig zu halten, ist ein Handrasenmäher – das Fitnessgerät unter den Gartenutensilien. Bequemeren Laubenpiepern bieten sich elektrische Rasenmäher an. Ob am Kabel oder, wendiger noch, mit Akku vermeiden sie Lärm und die Freisetzung von Schadstoffen vor Ort. Eine Akkuladung hält etwa 1 Stunde und genügt für 300 Quadratmeter. Die Öko-Variante unter den Strom-Mähern stellen Modelle dar, die mit Solarenergie betrieben werden. Wenn es unbedingt ein Benziner sein muss, tanken Sie nur aromatenfreies Gerätebenzin, beispielsweise Alkylat-Benzin. Warten Sie Ihren Helfer zu Beginn der Mähsaison in vier einfachen Schritten: Tauschen Sie Luftfilter, Zündkerze sowie Motoröl aus und geben Sie einen Benzinstabilisator bei. Geben Sie Altöl bei geeigneten Sammelstellen ab. Achten Sie auch auf die Vergasereinstellung. Damit können Sie den Benzinverbrauch bis zu 30 Prozent und den CO_2-Ausstoß sogar bis zu 50 Prozent senken. Manche Hersteller bieten auch eigene Wartungs-Sets an. Wählen Sie beim Neukauf einen 4-Takter mit geregeltem Katalysator. Damit vermeiden Sie rund 95 Prozent an Kohlenmonoxid und Kohlenwasserstoffen und 65 Prozent der NO_x. Verlangen Sie ein geräuscharmes Modell mit geringen Abgaswerten.

Und das kommt dabei raus:

Bei Rasenmähern finden sich enorme Preisunterschiede wie das Beispiel der Benziner zeigt: Von 150 Euro bis 1300 Euro (oder ca. 230 bis 1994 sFr) ist alles drin, die folgenden Preise dienen somit nur der Orientierung. Ein Handrasenmäher kostet 65 bis 95 Euro (oder ca. 100 bis 146 sFr), Akku-Mäher gibt es ab 200 Euro (oder ca. 307 sFr) und für schadstoffreduzierte Benziner werden an die 1000 Euro fällig (oder ca. 1534 sFr). Hierzu addieren sich die Unterhaltskosten, die bei Handmähern ebenfalls am geringsten ausfallen. Über die Lebenszeit der Geräte gerechnet – wieder führt die mechanische Variante – sparen Sie mit einem Handmäher also sehr viel Geld sowie hunderte Kilogramm Schadstoffe.

26 Haus im grünen Pelz – Fassadengrün sorgt für gutes Klima

Unsere Städte gleichen in weiten Teilen Steinwüsten und das ist nicht nur unästhetisch. An heißen Tagen laden sie sich zu Hitzeinseln auf mit Temperaturen bis zu 8 °C über der ländlichen Umgebung und extremen Schwankungen im Kern von bis zu 20 °C zwischen Grünflächen und Bebauung. Durch ihre Wärmeabstrahlung verändern große Städte sogar das regionale Klima, es regnet zuviel oder zuwenig, kleinräumige Gewitter und Smog nehmen zu. Hüllen sich nackte Gebäude aber in Grün, können sie diese negativen Begleiterscheinungen dichter Besiedlung deutlich mildern. Fassadenbegrünung kühlt im Sommer, wärmt im Winter und halbiert so lokale Temperaturschwankungen. Sie reinigt stickige Luft, reichert sie mit Sauerstoff an und kappt die Spitzen starker Regengüsse, so dass „Stadtfluten" gebremst werden können. Das Luftpolster zwischen Blättern und Wand schluckt zudem Schall, wobei die Blattoberflächen besonders die hohen Frequenzen des Straßenlärms dämpfen. Der Bewuchs schädigt intakt verputztes Mauerwerk auch nicht, wie oft befürchtet, sondern schützt die Fassade vor Verwitterung und UV-Strahlung. Ausnahmen bilden vorgehängte oder speziell wärmegedämmte Fassaden, in die Wandpflanzen einwurzeln können.

Wussten Sie schon…

- 40 Quadratmeter Fassadengrün bringen die gleiche ökologische Leistung wie ein Baum mit 5 Metern Kronendurchmesser.
- Für eine entscheidende Verbesserung des Stadtklimas genügte es schon, 5 Prozent aller Gebäudeoberflächen zu begrünen.
- Der Bewuchs filtert bis zu 70 Prozent des Staubs aus der Luft.
- Standortgeeignete Kletterpflanzen leben meist länger als jeder Außenputz.
- Ungeschützte Wände erreichen im Sommer oft 60 °C und im Winter –10 °C. Bewachsen werden sie kaum 30 °C warm und kühlen nicht unter –5 Grad ab.

Tipps:

Vor dem Anpflanzen von Fassadengrün ist das Mauerwerk auf Vordermann zu bringen. Sauber gefüllte Risse und moderne Kalkzementputze nach DIN 18550 halten jedem Bewuchs stand. Heben Sie dann ein Pflanzloch von mindestens 60 Zentimetern Tiefe und 50 × 50 Zentimetern offener Fläche aus. Die Hauswand schirmen Sie mit einer Abweisplatte ab, auf eine Dränageschicht aus Kies geben Sie dann Pflanzboden aus Kompost, Sand und Dauerdünger. Für die Begrünung bietet sich eine bunte Pflanzenpalette an: selbständige Kletterpflanzen, Gerüstranker, Hecken, Spalier oder hängende Berankungen. Wer Geduld hat, sich aber möglichst wenige Arbeit machen will, wählt die Selbstklimmer Wilder Wein, Kletterhortensie oder immergrünen Efeu – Laubkehren entfällt. Etwas aufwendiger wird es mit Gerüstrankern. Sie brauchen eine Kletterhilfe, dafür stehen wesentlich mehr Arten zur Auswahl. Außerdem können Sie ein Rankgerüst für Renovierungsarbeiten wegklappen und so die Pflanzen erhalten.

Beachten Sie auch die Ausrichtung der Wand: Für Süd-, Südwest- und Südostseiten empfehlen sich blattabwerfende Pflanzen, sie erlauben der Wintersonne die Mauer zu heizen. Für West-, Ost- und Nordseiten eignen sich robuste, immergrüne Pflanzen, gegebenenfalls Schattengewächse. Efeu wächst bis zu 1 Meter im Jahr, Wilder Wein auf der Sonnen-

seite sogar 2 Meter. Und stehen die Pflanzen in großen Kübeln, können sie auch Ihren Balkon grün auskleiden.
Als Mieter brauchen Sie in jedem Fall eine (schriftliche) Erlaubnis des Hausbesitzers, zählen Sie ihm die Vorteile einer Begrünung auf und gewinnen Sie ihn für diese Idee.

Und das kommt dabei raus:

Grüne Fassaden sparen Ihnen mehrfach Geld: Im Winter verhindert das Pflanzenpolster, dass Luftströmungen Wärme von der Gebäudehülle abführen. Sinkt die Windgeschwindigkeit an der Hausoberfläche um 1 Meter pro Sekunde, verringert sich der Wärmebedarf eines Gebäudes um etwa 3 Prozent. Und im Sommer brauchen Sie keine Klimaanlage mehr.
Eine gut eingewachsene Fassade müssen Sie zudem seltener renovieren, so sinken langfristig die Instandhaltungskosten. Da das Grün dem Boden auch fortlaufend Wasser entzieht, verringert sich zu guter Letzt die Gefahr, dass Ihr Keller feucht wird.
Übrigens: Wegen der positiven Auswirkungen auf das Stadtklima fördern viele Gemeinden die Fassadenbegrünung – fragen Sie nach!

27 Zeit, aufzubrechen – Unter dem Asphalt schlummert der Boden

Während Sie diese Zeilen lesen, verschwinden einige hundert Quadratmeter freies Land unter einem Einfamilienhaus, dem Parkplatz eines Outletcenters oder der neuen Umgehungsstraße. Kein Wunder, wirbt doch jede Bausparkassenzeitschrift mit dem Traum vom Eigenheim im Grünen. Und das braucht eigene Erschließungsstraßen, Stellflächen usw. Die versiegelten Flächen fehlen nicht nur als Naturraum und begraben einst lebendigen Boden unter sich, sie leiten zudem Regenwasser direkt in die Kanalisation. Damit verbindet sich ein doppeltes Übel. In der Tiefe fehlt der Regen, um genügend Grundwasser für die Trinkwasserversorgung nachzubilden. Stellenweise sinkt der Grundwasserspiegel drastisch ab. An der Oberfläche aber wird genau dieses Wasser schnell zuviel und so erleben wir in immer wärmeren und feuchteren Jahreszeiten eine bemerkenswerte Häufung von „Jahrhunderthochwassern" in ganz Europa. Extremhochwasser waschen über weite Landesteile enorme Mengen an fruchtbaren Oberböden aus und laden sie andernorts als Schlammlawinen ab. Die Hochwasserschäden der letzten Jahre gehen in die Milliarden und ein wesentlicher Teil ist im wahrsten Sinne hausgemacht. Bodenschutz ist vorbeugender Hochwasserschutz und Klimaschutz zugleich.

Wussten Sie schon...

- Rund 105 Hektar Boden werden jeden Tag in Deutschland zugebaut, in der hiesigen Grundrecheneinheit sind das 141 Fußballfelder.
- Der Verlust an Bodenqualität entspricht in seiner Tragweite etwa dem globalen Klimawandel oder dem fortschreitenden Artenschwund.
- Böden können weit mehr Kohlendioxid speichern als die Pflanzen, die sie tragen.
- In Deutschland sind über 4 Millionen Hektar als Siedlungsfläche verzeichnet, über die Hälfte davon totalversiegelt. In Ballungsräumen sind bis zu 80 Prozent der Fläche überbaut.
- Jährlich gehen weltweit rund 24 Milliarden Tonnen fruchtbarer Boden verloren.

Tipps:

Wenn Sie einen Neubau planen, wählen Sie für Freiflächen eine Befestigung, die Wasser möglichst ungehindert ins Erdreich sickern lässt. Machen Sie auch im Bestand Boden frei, wo Sie können: Zufahrtswege, Garageneinfahrten, Stellplätze oder Innenhöfe können wasserdurchlässig befestigt oder komplett in Grün umgewandelt werden. Stellen Sie zunächst jedoch sicher, dass der Untergrund (noch) sickerungsfähig ist.

Für Flächen, die befestigt werden sollen, finden Sie ein breites Angebot an Öko-Pflastern und Techniken wie Rasengittersteine, Rasenwaben, Fugenpflaster, Porensteine, Schotterrasen, Kies- und Splittdecken oder Splittfugenpflaster. Im Gartenbaucenter werden Sie beraten, welche Ausführung sich für welchen Zweck eignet.
Fragen Sie nach, ob Ihre Gemeinde oder Ihr Bundesland Sie beim Entsiegeln unterstützt. Das Land Nordrhein-Westfalen etwa fördert die Entsiegelung beispielsweise mit 15 Euro pro Quadratmeter.
Für Flachbauten empfiehlt sich die Dachbegrünung als weiteres probates Mittel, Sturzfluten in die Kanalisation zu verhindern. Fachlich korrekt begrünte Dächer leiden weniger Temperatur- und Wasserstress und halten dadurch länger als herkömmlich gedeckte.
Denken Sie auch daran, dass Sie alle entsiegelten Flächen von der Kanal-Anschlusspflicht befreien lassen. Wer die Nerven hat, kann – wo nötig – sein Recht auf getrennte Gebührenerhebung für Hausabwasser und Regenabfluss einklagen.
Mischen Sie sich ein! Zeigen Sie Politik und Verwaltungen Ihrer Gemeinde, dass es Ihnen nicht egal ist, wie viel Land für Bau- oder Gewerbegebiete ausgewiesen wird und wie die Planungen aussehen. Nehmen Sie an Anhörungen zu Bebauungsplänen teil.

Und das kommt dabei raus:

Mit jedem Meter, den Sie frei lassen oder frei legen, nehmen Sie einem Hochwasser die Spitze und verbessern das Stadtklima. Etwa jede zweite deutsche Kommune berechnet die Abwassergebühren für Schmutz- und Regenwasser getrennt. Entsiegelung oder wenigstens eine Teildurchlässigkeit des Untergrunds entlastet dann auch den Geldbeutel. Fragen Sie nach, wie Ihre Gemeinde es damit hält.

28 Zu salzig! – Ohne gefährliches Streu sicher durch den Winter

Eigentlich besteht auch Streusalz zum größten Teil nur aus Kochsalz. Wird es aber wie der Knüppel aus dem Sack geholt, kaum dass die ersten Flocken fallen, können sich Pflanzen am Wegrand schon mal warm anziehen. Sickert Salz in den Boden, löst es dort eine Reihe von schädlichen Veränderungen aus: Das Porenvolumen, der Sauerstoffgehalt und die Wasserleitfähigkeit nehmen ab, so dass Wurzeln schlechter eindringen und weniger Nährstoffe aufnehmen können. Kleinste Bodentiere gehen ein und manche Arten verschwinden ganz. So wird weniger Humus gebildet. Wintergrüne Pflanzen, z. B. Kirschlorbeer, fallen dem Salz besonders schnell zum Opfer. Größere Schäden zeigen sich dann im Frühjahr und Sommer, wenn eingesalzte Bäume und Hecken verfärben oder trotz reichlich Regens langsam vertrocknen. Sickert das Taumittel noch tiefer, kann es schließlich das Grundwasser versalzen. Messungen zeigten von Februar bis April manchenorts Salzbelastungen bis zum Fünffachen des Sommerwerts. Nicht zuletzt können sich Haus- und Wildtiere in der Lake die Pfoten entzünden.

Splitt hat sich leider auch nicht als perfekte Alternative erwiesen. Große Mengen davon können Kanalisation und Kläranlagen beschädigen, der Rest auf den Straßen muss teuer gesammelt und entsorgt werden.

Wussten Sie schon...

- Die Städte gehen mit gutem Beispiel voran: In den letzten Jahren ist der Einsatz von Streusalz um gut die Hälfte gesunken.
- Salz oder andere Taumittel sind in vielen Gemeinden für Privatleute verboten.
- In Nebenstraßen, die nur geräumt, nicht aber gestreut werden, liegen die Unfälle unter dem Durchschnitt: Man fährt umsichtiger.
- Straßenabläufe überschreiten mitunter sogar den Salzgrenzwert für Industrieabwässer um das Zehnfache.

- Selbst wenig salzgeschädigte Bäume zeigen sich erst nach 6 Jahren völlig gesund.
- Nässe und Streusalz bilden eine gefährliche Schicht zwischen Bremsbelag und Bremsscheibe, die den Bremsweg mehr als verdoppeln kann.

Tipps:

Trotz vieler Forschungen gibt es bislang noch kein weniger umweltschädliches Taumittel als Salz und ein völlig gewässerneutrales kann es gar nicht geben. Lassen Sie im Winter also das Salzfass möglichst zu und greifen Sie lieber zu Sand, Kies oder Sägespänen als Streumittel. Vorsicht: Splitt oder Granulat können giftige Substanzen wie Arsen, Blei oder Quecksilber enthalten. Im Handel finden Sie über 30 Streumittel mit dem Umweltzeichen „Blauer Engel". Sie sind nicht nur frei von Salz, sondern schmuggeln auch keine löslichen Schwermetallverbindungen oder Stoffe mit Düngewirkung ein. Diese Mittel geben im Frühjahr auch kein allzu großes Entsorgungsproblem: Einfach zusammenkehren und in die Tonne – nicht in die Kanalisation – geben oder sogar wieder verwenden. Sollten Sie stellenweise – an steilen, hart vereisten Wegstücken – Salz einsetzen müssen, halten Sie sich an die empfohlene Obergrenze von 10 Gramm pro Quadratmeter. Das entspricht einem knappen Esslöffel voll. Mit einem zur Korngröße passenden Küchensieb können Sie gezielter und sparsamer streuen als von Hand.
Helfen Sie auch Ihrer Gemeinde beim Salzsparen. Wenn auf einer Straße nur der „weiße Winterdienst" arbeitet, sie also geräumt, aber nicht völlig abgetaut wird, fahren Sie entsprechend vorsichtig und sehen Sie von Beschwerden beim Rathaus ab.

Und das kommt dabei raus:

Wintersalz bringt erhebliche Folgekosten mit sich: Bäume müssen ersetzt, Wasser geklärt und die belasteten Schlämme entsorgt werden. Dazu kommen Ausgaben für Sanierungsmaßnahmen an Straßen, Autobahnbrücken usw. – alles aus Steuermitteln. Nur mit Schippe und umweltverträglichem Streugut bewaffnet, kommen Sie sicher durch den Winter, ohne die grüne Lunge der Stadt zu pökeln.

29 Tödliche Attraktionen – Wenn das Haus zur Tierfalle wird

Jährlich verunglücken Millionen Vögel an Glasscheiben. Viele sterben sofort, andere verenden später oft an inneren Verletzungen. Von Amsel bis Zaunkönig trifft der Tod am Fenster etwa achtzig Vogelarten. Dies liegt nicht daran, dass die Tiere schlecht sehen. Vielmehr reflektiert beschichtetes oder poliertes Glas Himmel und Landschaft so täuschend echt, dass die Vögel den Unterschied, wenn überhaupt, zu spät bemerken – zumal wenn es sich um Männchen in der Hitze des Luftkampfs ums Revier handelt. Einen Lerneffekt gibt es nicht und auch die weit verbreiteten (Greifvogel-)Attrappen zum Aufkleben nützen nichts: Vögel sehen unbewegte Silhouetten nicht als Gefahr, sondern lediglich als Hindernis. Sie knallen einfach daneben an die Scheibe.

Als besonders schädlich für Insekten hat sich die allgegenwärtige Dauerbeleuchtung erwiesen. An zahllosen Strahlern und Lampen verbrennen sie oder flattern sich zu Tode. Nachtaktive fliegende Insekten orientieren sich – z. B. auf dem Weg zur Paarung – am Licht des Mondes oder der Sterne. Kunstlicht wirft sie völlig aus der Bahn. Auf die Spitze treiben dieses Phänomen natürlich Insektenlampen, die genau mit dem Ziel „Anlocken und Vernichten" konstruiert sind. Die Gefahr für die Insektenwelt liegt vor allem darin, dass alle Insekten betroffen sind – nicht nur jene, die dem Menschen lästig sind.

Wussten Sie schon...

- Der Vogeltod am Glas hat erschreckende Ausmaße angenommen: Schätzungen gehen für Europa von bis zu 95 Millionen Opfern jährlich aus.
- Vögel, die nicht versehentlich gegen die Scheibe rasen, sondern sie immer wieder gezielt angreifen, wollen den „Eindringling" im Spiegel vertreiben. Hier hilft fast nur, die Brutzeit abzuwarten.
- Alle 22 Fledermausarten sind in ihrem Bestand akut gefährdet. Ihnen und vielen Vögeln fehlen die „Lichtopfer" unter den Insekten als Nahrung.
- Die Tschechische Republik hat im Jahr 2002 ein Gesetz erlassen, das gebietet, unnötige Lichtverschmutzung zu vermeiden.

Tipps:

Nutzen Sie eine Besonderheit im Sehvermögen der Vögel. Anders als wir, können sie UV-Licht und damit Störungen im UV-Spektrum sehr gut wahrnehmen. Um Ihre Fenster „vogelsicher" zu bekommen, tun Sie am besten ... gar nichts! Werden die Scheiben etwas dreckig, reflektieren sie den UV-Anteil des Sonnenlichts nicht mehr und sind dadurch für Vögel besser zu erkennen. Lassen Sie es also mit dem Fensterputzen ruhig angehen. Alternativ können Sie auch UV-Absorber außen auf den Scheiben anbringen: einfach eine transparente Sonnenschutzlotion mit hohem Lichtschutzfaktor oder Möbelspray mit UV-Schutz auf die Scheibe tupfen oder ein Muster aufs Fenster sprühen.

Auch den nachtaktiven Insekten können Sie helfen, wenn Sie die Nacht auf dem Balkon im Kerzenschein genießen. Löschen Sie alles Licht auf Ihrem Grundstück oder schalten Sie Ihre Außenbeleuchtung mit einer Uhr oder Bewegungsmeldern. Grundsätzlich zieht gelbliches Licht weniger Insekten an als bläuliches, Lampen mit Haube weniger als Rundumstrahler.

Insektenlampen richten mehr Schaden an als sie nützen: Bei einer exemplarischen Zählung von 3 800 getöteten Insekten standen 53 Stechmücken 626 nützlichen Florfliegen und 498 Falter gegenüber.

Und das kommt dabei raus:

Baumärkte verkaufen schwarze Greifvogel-Silhouetten im Dreierpack für ca. 3,50 Euro (oder ca. 5 sFr). Die können Sie sich getrost sparen. Die genannten Tricks kosten dagegen nichts. Und durch insektenfreundliche Nicht-Beleuchtung sparen Sie sogar noch Strom. Zwar stehen in erster Linie die Gemeinden und der Handel in der Pflicht, die Lichtverschmutzung zu drosseln, doch auch Ihr Beitrag zählt.

Clever unterwegs

Mobilität privat

Um es gleich vorneweg zu sagen: die folgenden Zeilen werden hart. Sehr hart. Unser heiß geliebtes Auto kommt einfach unglaublich schlecht weg, wenn wir uns die Fakten anschauen, wenn wir uns anschauen, was wir uns alles selber einbrocken mit dem Autofahren. Wegschauen gilt also nicht und wäre auch zwecklos! Der Klimawandel zwingt uns früher oder später nämlich unausweichlich, die Auswirkungen des weltweit stetig zunehmenden Verkehrs zu spüren. Klare Sache also, hier hilft nur die Flucht nach vorne!

Das Für und Wider des Autofahrens

Schnell, flexibel, bequem und trotz steigender Benzinpreise immer noch das billigste Fortbewegungsmittel: Mein Auto, es gibt einfach keine vernünftige Alternative. So erteilen wir uns gerne die Absolution, auch wenn jeder weiß, dass der beste Freund des Menschen nicht gerade der beste Freund der Umwelt ist und die Argumente fürs Autofahren bei nüchterner Betrachtung schnell schwächeln. Werfen wir mal einen Blick auf die Fakten.

Klima

Der Verkehr gilt heute als Klimakiller Nummer 1. Deutschland hatte sich wie andere Länder auch im Zuge der Nachhaltigkeitsdebatte Anfang der 90er Jahre zum Ziel gesetzt, den gesamten Ausstoß an CO_2 bis 2005 im Vergleich zu 1990 um 25 Prozent zu senken. Gerade die viel gescholtene Industrie hat auch schon einen großen Teil des Weges geschafft. Doch im Verkehrsbereich sind die CO_2-Emissionen seit 1990 noch lange weiter gestiegen, bis zum Jahr 2000 um 15 Prozent, und fallen jetzt erst langsam wieder. In Österreich sind sie gegenüber 1990 sogar um 62 Prozent gewachsen und haben kürzlich erstmals die Industrie überholt. Kein Wunder, bei immer mehr Autofahrten. Mit jedem verfahrenen Liter Benzin steigen 2,32 Kilogramm CO_2 in die Luft und bei Diesel sind es sogar

2,63 Kilogramm. Hier müssen wir schnellstens handeln, wenn wir den Treibhauseffekt wenigstens bremsen wollen.
Auch das Waldsterben geht weiter, egal, ob sich die Medien noch dafür interessieren oder nicht. Und auch hierfür trägt der Verkehr mit seinem massiven Ausstoß an Stickoxiden und Schwefeldioxid besondere Verantwortung. Rund 50 Prozent aller Stickoxide und dazu fast ein Drittel aller giftigen Kohlenwasserstoffe kommen aus einem Auspuff. Wiederum waren Kraftwerke und Industrie bei der Schadstoffreduzierung viel erfolgreicher, was das Waldsterben immerhin eingedämmt hat.

Wohlbefinden

Unserer Gesundheit tun wir mit unserer Automobilität ebenso wenig einen Gefallen. Sommersmog und hohe Ozonkonzentrationen entstehen, wenn die Sonne den Abgascocktail der Fahrzeuge erhitzt, und gehören mittlerweile zum Sommer einfach dazu. Das Risiko, durch Autoabgase an Krebs zu erkranken, ist heute in Ballungsgebieten 5-mal so hoch wie auf dem Lande. Allein 60 Prozent durch Luftschadstoffe hervorgerufener Krebserkrankungen gehen auf das Konto von Rußpartikeln aus Dieselmotoren. Nicht zu vergessen der Lärm. Die meisten beklagen sich nur darüber, doch rund 16 Prozent der Bevölkerung in Deutschland, das sind etwa 13 Millionen Menschen, sind sogar gesundheitsgefährdenden Belastungen von über 65 dB(A) ausgeliefert, bei denen erhöhte Risiken für Herz-Kreislauf-Erkrankungen nachgewiesen sind (Ähnliches gilt für die Schweiz und für Österreich). Experten schätzen, dass pro Jahr 2 000 Menschen an einem verkehrslärmbedingten Herzinfarkt sterben.

Freiraum

Noch sind wir nicht am Ende unserer schwarzen Liste angekommen. Da wäre noch der Verkehr als Flächenvernichter: In jeder zweiten Gemeinde Westdeutschlands beansprucht er mehr Fläche als die übrige Siedlungsstruktur. Mehr Platz für Autos als für Menschen? In der Tat: Für Parkplätze wurden bereits 5 Prozent der Gesamtfläche Deutschlands versiegelt, das ist mehr als die Fläche aller Wohngebäude. In den Städten belegen Autos, hauptsächlich stehende, bis zu 60 Prozent der Gesamtfläche. Der

Anteil unzerschnittener, verkehrsarmer Landschaftsräume, die vor allem für Artenvielfalt und Naturschutz eine wichtige Rolle spielen, geht weiter zurück. Betrug dieser 1974 in den alten Bundesländern noch über 22 Prozent, so lag er dort Mitte der 90er Jahre nur noch bei gut 14 Prozent. In Österreich wird pro Jahr Freiraum in der Größenordnung von rund 4 000 Fußballfeldern für Straßen verbaut. Die österreichischen Straßen und Parkplätze belegen inzwischen fast die Fläche des Bundeslandes Vorarlberg.

Alternative ÖPNV

Unter der Energieperspektive sieht die Bahn gut aus, denn die modernen Hochgeschwindigkeitszüge des Personenfernverkehrs fahren sehr sparsam: Ihr Energiebedarf bei durchschnittlicher Auslastung entspricht 2 Litern Benzin auf 100 Kilometer.
Zudem fangen die Loks die Energie auf, die beim Abbremsen vor den Bahnhöfen frei wird, und speisen sie als elektrischen Strom zurück in die Oberleitung. Außerdem fährt die Bahn mit einem überdurchschnittlich hohen Anteil grüner Energien. Der Bahnstrom-Mix speist sich schon zu weit mehr als 10 Prozent aus Wasser- und Windkraft.
Die Deutsche Bahn AG hat das CO_2-Reduktionsziel – gegenüber dem Stand von 1990 um 25 Prozent runter – übrigens schon längst erfüllt. Als nächstes peilt sie eine weitere Minderung der spezifischen CO_2-Emissionen aus der Personenbeförderung um 15 Prozent an. Ohne die Bahn würden jährlich zusätzlich 16 Millionen Tonnen mehr CO_2 in die Luft gelangen. Die Schweizer Loks fahren sogar zu 98 Prozent mit Strom aus Wasserkraft.

Und die Kosten?

„Mag schon sein“, sagen Sie vielleicht, „aber Bus und Bahn sind mir eben zu teuer“. Viele Haushalte wollen und können nicht komplett auf ihr Auto verzichten. Und so spielen in ihrer Rechnung, ob eine Strecke mit dem Auto oder mit Öffentlichen Verkehrsmitteln zurückgelegt wird, lediglich die variablen Kosten für Kraftstoff, Öl und Parkplätze eine Rolle. Der Großteil der PKW-Kosten fällt aber auch an, wenn der Wagen nicht bewegt wird. Rechnen Sie mal die Gesamtkosten eines Autos inklusive

Anschaffung, Wertverlust, Steuern, Versicherung, Reparaturen, Wartung, Pflege etc. zusammen. Dann erscheinen öffentliche Verkehrsmittel in der Regel in einem sehr viel günstigeren Licht. Das deutsche Umweltbundesamt rechnet folgendermaßen: Ein durchschnittlicher PKW verursacht monatliche Gesamtkosten zwischen 306 und 459 Euro (oder ca. 469 und 704 sFr). Auf den einzelnen Kilometer gerechnet ergeben sich daraus je nach Größe und Ausstattung Kosten in Höhe von 26 Cent – das schaffen nur wenige Kleinwagen – bis 46 Cent. Während die Bahn pro Kilometer im Fernverkehr, 2. Klasse, 14 Cent kostet, kommt ein Mittelklassewagen pro Kilometer auf rund 33 Cent. Selbst laut ADAC-Motorwelt gibt es fast kein Auto mehr, dessen Gesamtkosten monatlich unter 252 Euro liegen (oder ca. 387 sFr).

Das unabhängige Institut für Energie und Umweltforschung (IFEU), Heidelberg, hat in einer Mobilitätsbilanz 1600 Beispielfahrten des Nah- und Fernverkehrs (Berufsverkehr, Freizeitverkehr, Einkaufsverkehr, Fernpendelverkehr, Urlaubsverkehr, Geschäftsreisen) untersucht und verglichen – nach den Faktoren Kosten, Zeit sowie Umweltbelastungen von PKW und Öffentlichem Verkehr (und teilweise des Flugzeugs). Ein Vergleich der Gesamtkosten von Bahn und PKW zeigt, dass die Bahn in allen betrachteten Beispielen billiger kommt. Selbst bei der Urlaubsfahrt mit der Familie, wenn das Auto mit drei Personen gut ausgelastet ist, kostet die Bahn einschließlich Taxi als Zubringer noch weniger. Die Ergebnisse dieser Untersuchung sind auch in eine Datenbank der Deutschen Bahn AG eingeflossen. Auf den Reiseauskunftsseiten der Bahn im Internet können Sie einen Mobilitätsvergleich anstellen zwischen öffentlichem Verkehr und Auto sowie Taxi, zu Fuß Gehen (bis 8 km) und Rad Fahren (bis 30 km). Hier lassen sich zu jeder Reise, sei es von Bahnhof zu Bahnhof oder adressgenau, die Kosten und durchschnittlichen Fahrzeiten mit einer Bahnverbindung oder dem Auto ausgeben. Für diesen Vergleich können Sie zwischen fünf verschiedenen Autotypen wählen oder Ihre individuelle Kilometerkosten-Pauschale eingeben.
Man kann die Kosten der Mobilität aber auch noch ganz anders betrachten. Allein für Deutschland schätzt das Umweltbundesamt den Aus-

gleich für Umweltschäden, die auf den Autoverkehr zurück gehen, auf rund 29 Milliarden Euro pro Jahr, darunter die Schäden durch Luftverschmutzung (15 Milliarden Euro), Lärm (9,7 Milliarden Euro) sowie Boden- und Wasserverschmutzung (2,7 Milliarden Euro). Die Schweiz rechnet der verkehrsbedingten Luftverschmutzung jährlich Gesundheitskosten von 3590 Millionen sFr, Waldschäden bis 1400 Millionen sFr und Gebäudeschäden von 785 Millionen sFr zu.

Über den Wolken

Das Flugzeug hat, noch vor dem Auto, pro Kilometer und Person den höchsten Energieverbrauch und erzeugt damit den höchsten Schadstoffausstoß. Die 5,4 Millionen Fernflugreisen setzen mehr als doppelt so viele Treibhausgase frei wie die 110 Millionen Inlandsreisen. Die extreme Umweltbelastung durch den Flugverkehr wird besonders deutlich, vergleicht man Energieverbrauch und Schadstoffausstoß für eine gleich lang dauernde Reise. Die Entscheidungen für ein Reiseziel und die Wahl des jeweiligen Verkehrsmittels hängen ja eindeutig von der Reisedauer ab. Mit Auto oder Bahn brauchen Sie für eine Strecke von ca. 800 Kilometern rund 10 Stunden. Mit dem Flugzeug schaffen Sie in der gleichen Zeit inkl. Anreise und Transfer zum Hotel ca. 3700 Kilometer. Der Energieverbrauch liegt dann bei einer zehnstündigen Reisezeit pro Person 6-mal so hoch wie bei dem mit 3 Personen besetzten Pkw und über 10-mal so hoch wie bei der Bahnreise.

Handlungsmöglichkeiten

Am Energieverbrauch eines Flugzeugs können Sie nicht viel drehen. Sie können nur einsteigen ... oder es lassen. In Ihrem Auto sind Sie aber Kapitän und können den Spritverbrauch, die Umweltbelastung und den Lärm des Wagens ein gutes Stück weit beeinflussen. Die nächsten Kapitel geben Ihnen einige Anregungen dazu. Ausreden, der Weg zur Arbeit erfordere nun Mal diese Anzahl von Fahrten oder jenen Fahrstil, gelten nicht. Über 50 Prozent aller Fahrten finden in der Freizeit statt. Noch etwas Statistik gefällig? Etwa zwei Drittel aller Autofahrten sind kürzer als 10 Kilometer, ca. die Hälfte bringt es maximal auf 5 Kilometer und fast jedes dritte Mal wird das Auto für weniger als 3 Kilometer angeworfen. Sage niemand, davon wäre nicht einiges mit dem Rad zu packen – billig und gesund.

Im Kapitel 36: *Auf den Bergen wohnt die Freiheit* streifen wir noch kurz einen besonderen Fall der Mobilität, den Tourismus. Die Alpen als meistbereiste Region der Welt stehen hier stellvertretend für alle vom Tourismus überlasteten Urlaubsziele. In Österreich wird bereits deutlich, dass mehr Verkehr dem Tourismus eher schadet als nützt: Seit Fertigstellung der Autobahn sind die Übernachtungen im Wipptal unter das Niveau von 1960 gesunken. Das wenig verkehrsbelastete Stubaital konnte seine Übernachtungszahlen im selben Zeitraum vervierfachen.

Die Folgen des Tourismus etwas zu mildern, haben sich Initiativen wie Viabono zum Ziel gesetzt, denn Naturgenuss und Urlaubsfreuden müssen entkoppelt werden von Naturverbrauch und Umweltzerstörung*. Auf den entsprechenden Internetseiten finden Sie Anregungen für naturnahen und umweltverträglichen Urlaub: Von Campingplätzen über Restaurants und Hotels bis hin zu Kurorten und Naturparks oder Biosphärenreservaten. Diese Angebote erfüllen strenge Kriterien bezüglich stressfreier Anreise, attraktiver und intakter Umwelt und Natur, regionaler Küche, Naturmaterialien in Architektur und Zimmerausstattung oder des Umgangs mit Energie und Wasser. Besuchen Sie Viabono doch mal unter www.viabono.de.

* *Immer mehr Orte in der Schweiz versuchen, grünen Tourismus anzubieten. Zermatt z.B. ist komplett autofrei.*

30 Benzin, ein ganz besonderer Saft – Sparen Sie beim Fahren

Eines der größten Umweltprobleme des Autoverkehrs sind die enormen Mengen an Abgasen, die Klima, Luft und Boden belasten. Rund 35 Prozent des in Deutschland freigesetzten Kohlendioxids stammen aus dem Autoverkehr. Es entsteht unweigerlich beim Verbrennen von Kraftstoff in Motoren und kann nicht durch Filter zurückgehalten werden. Der verkehrsbedingte CO_2-Ausstoß ist zwischen 1990 und 2000 um 15 Prozent gestiegen, im Jahr 2010 wird die Zunahme im Vergleich zu 1990 fast 27 Prozent betragen. Sparsamere Motoren allein werden keine nennenswerte Verringerung bewirken, da das erwartete Wachstum des Straßenverkehrs die Verbrauchsminderungen mehr als aufwiegt. Diese Begleiterscheinungen des Kraftstoffs Benzin lassen sich nicht *technisch* lösen. Umso wertvoller ist Ihr Engagement für einen benzinsparenden Fahrstil.

Wussten Sie schon...

- Autoverkehr verursacht in Deutschland allein durch Luftverschmutzung jedes Jahr Schäden in Höhe von 15 Milliarden Euro. Boden- und Wasserverschmutzung werden mit weiteren 2,7 Milliarden Euro beziffert. Diese Kosten tragen auch die „Autolosen".
- Aus 1 Liter Benzin entstehen bei der Verbrennung 2,3 Kilogramm CO_2, bei Diesel sind es sogar 2,6 Kilogramm. Das CO_2 aus 10 Litern Benzin würden schon einen Ballon mit 3 Metern Durchmesser füllen.
- Ein Mittelklassewagen verbraucht bei 50 Stundenkilometern im zweiten Gang gut 13 Liter auf 100 Kilometer, im fünften nur 5,8 Liter.
- Zwei Drittel aller Autofahrten sind kürzer als 10 Kilometer, etwa die Hälfte kürzer als 5 Kilometer und ein knappes Drittel der Fahrten liegt sogar unter 3 Kilometern. Doch gerade auf Kurzstrecken ist der Spritverbrauch besonders hoch.
- In Österreich hat der Straßenverkehr zwischen 1990 und 2002 den mit Abstand stärksten absoluten und relativen Zuwachs erreicht: 62 Prozent!

- Für die Schweiz gilt: Zwei Drittel der Strecken zu Fuß sind kürzer als 500 Meter, 34 Prozent der Fahrten mit dem Auto sind kürzer als 3 Kilometer lang, die Hälfte weniger als 5 Kilometer, 70 Prozent kürzer als 10 Kilometer.

Tipps:

Fahren Sie niedertourig. Halten Sie den Motor in einem Drehzahlbereich von maximal 2 000 Umdrehungen pro Minute, indem Sie frühzeitig in den nächsthöheren Gang schalten: gleich nach den ersten Metern in den zweiten Gang, bei 25 bis 30 Stundenkilometern in den dritten Gang, bei 35 bis 45 Stundenkilometern in den vierten und bei 50 bis 55 Stundenkilometern in den fünften Gang. Dies rentiert sich für Kleinwagen ebenso wie für Limousinen.

Fahren Sie vorausschauend. Streben Sie einen gleichmäßigen Fahrfluss an, gleiten Sie beispielsweise auf eine rote Ampel im Leerlauf zu.

Verbannen Sie Ballast und Dachaufbauten. Für je 100 Kilogramm „Übergewicht" verbrauchen Sie 0,5 Liter Benzin zusätzlich auf 100 Kilometer. Fest installierte Skiständer machen alle Bemühungen um geringen Luftwiderstand zunichte und steigern den Verbrauch um bis zu 15 Prozent.

Vermeiden Sie möglichst Kurzstrecken. Gleich nach dem Start zieht der Motor umgerechnet 30 bis 40 Liter pro 100 Kilometer, nach dem ersten Kilometer sind es immer noch 20 Liter. Erst nach vier Kilometern erreicht ein Motor seinen Durchschnittsverbrauch.

Bei Fahrpausen, z.B. an Bahnübergängen, lohnt es sich ab 30 Sekunden Wartezeit, den Motor abzuschalten.

Machen Sie der Maschine das Leben leicht – mit vollsynthetischen Leichtlaufölen. Und: Nicht zu lange warten mit der Wartung! Verklebte Luftfilter, rußige Zündkerzen oder ein Loch im Auspuff treiben den Verbrauch nach oben. Übrigens: Sogenannte Spritsparmittel können Sie getrost vergessen. Der ADAC hat diese Zaubermittelchen mehrfach getestet und stets ihre Wirkungslosigkeit bestätigen können.

Und das kommt dabei raus:

Wie viel Sie sparen, hängt natürlich vom Grundverbrauch Ihres Wagens und den jährlich zurückgelegten Kilometern ab. Angenommen Sie fahren, wie der Durchschnitt, rund 15 000 Kilometer im Jahr und Ihr Wagen verbraucht – bei herkömmlichem Fahrverhalten – 8 Liter auf 100 Kilometer. Dann kostet Sie das Normal-Benzin dafür knapp 1 300 Euro (oder ca. 1 994 sFr). Intelligentes Gas geben bringt bis zu 30 Prozent Einsparung, also rund 385 Euro im Jahr (oder ca. 591 sFr).

31 Gib Gummi – Flüsterreifen nehmen dem Motor Arbeit ab

Als die Ingenieure es geschafft hatten, leise Automotoren zu entwickeln, trat eine andere große Lärmquelle des Autos überdeutlich hervor – die Reifen. Aber die Reifenentwickler zogen in den letzten Jahren nach und schufen Profile, die deutlich geräuschärmer die Straßen massieren. Erfreulicher Nebeneffekt: Die leisen Gummis rollen leichter und helfen dadurch, den Benzinverbrauch zu senken. Diese Flüsterreifen werden daher auch Leichtlauf- oder Energy-Reifen genannt. Ein guter Flüsterreifen kann den Fahrlärm um 4 Dezibel halbieren und den Rollwiderstand bis zu 30 Prozent verringern. Letzteres bedeutet, dass mit der richtigen Bereifung 5, unter günstigen Bedingungen sogar 8 Prozent Benzinersparnis zu holen sind. Zu erkennen sind Flüsterreifen im zugehörigen Datenblatt am *Rollwiderstandsbeiwert* cR, dem Gegenstück zum besser bekannten cW-Wert, der den Luftwiderstand angibt und allen Autos die Eiform diktiert. Mit einem Blauen Engel dürfen Hersteller Sommerreifen bis 1,10 cR (%) und Winterreifen bis 1,20 cR (%) schmücken. Glücklicherweise stehen nach viel Entwicklungsarbeit inzwischen auch leise und sparsame Winterreifen zur Auswahl. In jedem Fall halten Flüsterreifen alle gewohnten Sicherheitsstandards ein.

Wussten Sie schon...

- Schon ab etwa 35 bis 40 Stundenkilometern (im vierten Gang) übertönen die Geräusche der Reifen und des Straßenbelags den Motor eines Pkw.
- Bei Tempo 20 macht der Rollwiderstand 100 Prozent des Gesamtwiderstandes eines Autos aus, bei 50 Stundenkilometern sind es 75 Prozent und bei 120 Stundenkilometern immer noch über 30 Prozent.
- Rund ein Drittel der marktüblichen Pneus erfüllt die Voraussetzungen eines Flüsterreifens und könnte einen Blauen Engel bekommen.
- Würden alle Neufahrzeuge mit Leichtlaufreifen ausgestattet, ginge der verkehrsbedingte CO_2-Ausstoß deutschlandweit um ca. 10 Millionen Tonnen zurück.
- Ein bekannt sparsamer Kleinwagen kommt nur dank der vorgeschriebenen Leichtlaufreifen auf einen Verbrauch von 2,99 Liter pro 100 Kilometer. Mit den herkömmlichen Reifen steigen Verbrauch sowie CO_2-Emission und bringen den Wagen um seine Steuervergünstigung
- Ein Auto mit herkömmlichen Reifen macht soviel Lärm wie zwei Autos mit Flüsterreifen.
- Nach Umfragen geht Verkehrslärm 60 Prozent der Deutschen auf die Nerven.

Tipps:

Noch immer zeichnen nicht alle Hersteller ihre Reifen entsprechend aus. Verlangen Sie also nicht nur nach Reifen mit dem Blauen Engel, sondern suchen Sie den bestmöglichen Reifen für Ihr Fahrzeug. Innerhalb der Kategorie Flüsterreifen gibt es noch deutliche Unterschiede, die bis zu ein Viertel Liter Benzinverbrauch auf 100 Kilometern ausmachen. Lassen Sie sich beim Neukauf den cR-Wert zeigen. Sehr gute Werte für Winterreifen betragen 1,07 cR (%), Sommerreifen können sogar 0,98 cR (%) erreichen. Natürlich gilt wie bei herkömmlichen Reifen auch bei Flüsterreifen: Immer gut aufpumpen, als Faustregel bis zum maximalen Druck, der für den beladenen Wagen empfohlen ist. Und: Die Nachfrage nach den neuen Reifen steigt, oft sind sie über Wochen ausverkauft. Bestellen Sie frühzeitig!

Und das kommt dabei raus:

Da der Beitrag der Reifen zum gesamten Fahrwiderstand mit der Geschwindigkeit abnimmt, sparen Sie mit Flüsterreifen bei niedrigem Tempo mehr als bei höherem: bis 8 Prozent im Stadtverkehr, etwa 5 auf der Landstraße und noch etwa 3 Prozent auf der Autobahn. Bei einer Fahrleistung von rund 15 000 Kilometern im Jahr und einem Verbrauch von 8 Litern pro 100 Kilometer können Sie allein mit Flüsterreifen Ihre jährlichen Benzinkosten um 65 bis 80 Euro drücken (oder ca. 100 bis 123 sFr). Leichtlaufreifen liegen im normalen Preisbereich, meist sind sie nicht teurer als herkömmliche Reifen. Je nach Maß bekommen Sie die günstigsten ab 40 bis 55 Euro (oder ca. 61 bis 84 sFr). Die besten Reifen sind teurer, der Umkehrschluss gilt jedoch nicht immer: Tests zeigten, dass der Preis hier nicht zuverlässig auf die Qualität schließen lässt.

32 Ganz schön uncool – Klimaanlagen heizen die Atmosphäre auf

Die Sonne sticht ins Auto, schnell geht der Griff zur Klimaanlage. Sie sorgt in einem Drittel aller zugelassenen Pkw für Linderung und bei den Erstzulassungen deutscher Marken ist sie mit rund 90 Prozent sozusagen Standard. Die angenehme Kühle gibt es aber nicht umsonst. Um die Hitze nach draußen zu pumpen – nichts anderes nämlich tut eine Klimaanlage – braucht sie Energie, und die kommt letztlich immer aus dem Benzintank. Neben der Kühlung schlucken natürlich auch andere Extras mit Energiebedarf zusätzlich Sprit: unter anderen elektrische Fensterheber, motorgesteuerte Sitzeinsteller oder Sitzheizung. Doch eine Klimaanlage greift nicht nur besonders tief in den Tank – bis zu 20 Prozent kann sie den Verbrauch steigen lassen – sie hat noch einen klimaschädigenden Nebeneffekt: Selbst aus den besten Aggregaten entweicht Kältemittel. Und diese Substanz namens R 134a wirkt dann als Treibhausgas

1300-mal so stark wie CO_2. Zu den Leckverlusten kommen Ausdünstungen bei der Entsorgung oder Verschrottung. Pkw-Klimaanlagen fördern also direkt durch die Kältemittelverluste und indirekt durch höheren Kraftstoffverbrauch den Treibhauseffekt – und zunehmende Klimaextreme sind uns gewiss.

Wussten Sie schon...

- Klimaanlagen fordern durchschnittlich 0,8 Liter Benzin auf 100 Kilometer bzw. bis 0,7 Liter pro Stunde.
- Aus jeder Pkw-Klimaanlage entweichen im Durchschnitt etwa 8 Prozent des Kältemittels pro Jahr in die Atmosphäre – meist über konstruktions- und altersbedingte Lecks. So kommt für das Klima eine Belastung zusammen, die dem Gegenwert von 1,3 Millionen Tonnen Kohlendioxid entspricht.
- Dies bedeutet: Die Klimaschädigung durch Kühlanlagen frisst einen Großteil der Klimaentlastung durch den allgemein gesunkenen Benzinverbrauch wieder auf.
- Das Kältemittel 134a wurde eingeführt, weil der Vorläufer R 12 als Ozonkiller verboten werden musste.

Tipps:

Überlegen Sie, ob es unbedingt ein Auto mit Klimaanlage sein muss, denn auch ohne kann man beim Fahren kühlen Kopf behalten. Hell lackierte Autos heizen sich weniger auf als dunkle Fahrzeuge und Hitze werden Sie sehr effektiv über ein Schiebedach los. Achten Sie beim Kauf auch auf die Fenster des Wagens. Eine stark geneigte Frontscheibe macht den Wagen zwar windschnittig, lässt aber auch viel mehr Sonne in die Kabine – die dringend nötige Klimatisierung wiegt den guten CW-Wert wieder auf. Wenn Sie vor einem Neukauf stehen, fragen Sie ausdrücklich nach dem Extraverbrauch einer Klimaanlage oder anderer Sonderausstattungen. Hersteller müssen nur den Verbrauch der Basisversion angeben! Ist Ihr Wagen bereits mit Klimaanlage ausgerüstet, stellen Sie die Temperatur nicht kälter als nötig. Die optimale Regelung erreichen Sie mit einer Klimaautomatik (Climatronik). Lassen Sie vor allem die Klimatechnik Ihres Wagens regelmäßig warten. Das verhindert zwar nicht, dass Kühlmittel ausströmt, jedoch dass der Energiebedarf schleichend zunimmt.

Und das kommt dabei raus:

Theoretisch würde Sie eine Klimaanlage, die das ganze Jahr läuft, bei einer Fahrleistung von 15 000 Kilometern rund 130 Euro kosten. Ohne Klimaanlage entfallen natürlich alle Kosten. Klimaanlagenbenutzer sollten stets bedenken: Je seltener Sie die Anlage benutzen und je niedriger Sie sie einstellen, umso weniger Benzin müssen sie zusätzlich tanken. Noch ein Blick in die Zukunft: Im Rahmen der politischen Debatte um den Treibhauseffekt ist zu erwarten, dass die Klimaschädigung durch Kühlaggregate bei der Besteuerung nicht mehr lange unberücksichtigt bleibt...

33 Eins für alle – Auto fahren statt Auto besitzen

Bei allem Lamento über die stetig wachsenden Benzinpreise: das eigentlich Teure am Autofahren ist doch das Autobesitzen. Nur 28 Prozent der Pkw-Kosten entstehen beim Tanken, der große Rest kommt durch Wertverlust, Reparaturen, Versicherung und Steuern zusammen. Hohe Fixkosten dafür, dass der Wagen die meiste Zeit doch nur steht. Eine mögliche Antwort auf dieses Missverhältnis heißt Carsharing: Hier zahlen Sie nach einem Zeit- und einem Kilometertarif fürs Auto nur, wenn Sie auch fahren. Das Öko Institut Freiburg hat errechnet, dass deutschlandweit rund 2 Millionen Menschen als Kunden in Frage kommen, ca. 70 000 machen bereits mit. Sie können auf eine breite Palette vom smart bis zum Transporter zugreifen. Und zwar oft auf dem neuesten Stand, denn aufgrund ihrer hohen Auslastung werden Carsharing-Mobile schneller ersetzt.
In über 250 Orten – darunter allen Städten ab 200 000 Einwohnern –

stehen 2500 Autos bereit und in über 50 Städten arbeiten Carsharing-Anbieter und ÖPNV-Betreiber zusammen, oft mit gegenseitigen Vergünstigungen. Die Deutsche Bahn hat sich 2001 ins Carsharing eingeklinkt, zwei Jahre darauf als erster Global Player der Ölriese Shell.

Eine weitere gute Therapie gegen Flaute im Geldbeutel und den Verkehrsinfarkt auf den Straßen sind Fahrgemeinschaften. Rund 40 Prozent aller Pendler sind inzwischen länger als eine halbe Stunde unterwegs. Allein in Nordrhein-Westfalen pendeln täglich über 3,6 Millionen Menschen zur Arbeit – gegenüber 1987 ein Zuwachs von mehr als 36 Prozent – von denen sich viele gemeinsam auf den Weg machen könnten. Aufgrund internetbasierter Vermittlungsbörsen (siehe unten) geht das leichter denn je.

Wussten Sie schon...

- Die durchschnittliche Auslastung eines Autos beträgt weniger als eine Stunde pro Tag. Damit wird ein Pkw nur rund 5 Prozent seiner Lebenszeit wirklich gefahren. Die Anzahl der Insassen pro Wagen beträgt im Schnitt 1,39 Personen; bei Berufspendlern gar nur 1,04.
- Ein Carsharing-Mobil ersetzt 6 bis 10 Autos. Laut Münchner Verkehrs- und Tarifverbund werden für ein Carsharing-Auto im Schnitt 5 Privatautos abgeschafft und der geplante Neukauf von 5 weiteren aufgegeben.
- Die deutsche Carsharing-Flotte spart 215 Millionen Autokilometer und 55000 Tonnen CO_2.
- Knapp ein Fünftel aller Wege in Deutschland wird bereits in Fahrgemeinschaften zurückgelegt, dem Verkehrsträger mit dem stärksten Zuwachs der letzten zwanzig Jahre.
- Fahrgemeinschaften sind pünktlicher und bauen deutlich weniger Unfälle als Einzelpersonen.

Tipps:

Laut Berechnungen der Anbieter lohnt sich Carsharing bei einem jährlichen Fahrbedarf bis zu 10000 Kilometern, sofern man nicht täglich auf das Auto angewiesen ist. Ab 12000 Kilometer kommt der Autobesitz

wahrscheinlich günstiger. Wenn Sie ein Auto am Ziel, z.B. dem Arbeitsplatz, stundenlang ungenutzt stehen lassen, ist eine Fahrgemeinschaft die bessere Idee. Gerade für Unternehmen, Vereine oder ähnliches kommt Carsharing billiger als ein eigener Fuhrpark. Im Bundesverband Carsharing bcs (www.carsharing.de) sind die meisten Anbieter vertreten, sie helfen Ihnen beim Kostenvergleich entsprechend Ihrer individuellen Situation weiter. Für das private Autoteilen hat der Verkehrsclub Deutschland (VCD) einen Nachbarschaftsauto-Mustervertrag entwickelt. Näheres dazu erfahren Sie unter www.vcd.org. oder bei den örtlichen oder regionalen VCD-Geschäftsstellen (in Österreich VCÖ, in der Schweiz VCS).
Fahrgemeinschaften sollten Sie mit mehr als zwei Teilnehmern organisieren, so lassen sich Ausfälle besser ausgleichen. Die Vollkosten für alle Teilnehmer errechnen sich aus Jahresnebenkosten pro Kilometer (jährliche Fixkosten durch Fahrleistung) plus Benzinkosten pro Kilometer mal gemeinsam gefahrenen Kilometern durch Personen je Pkw.

Und das kommt dabei raus:

Laut dem *bcs* wendet ein durchschnittlicher Kunde für Carsharing plus ÖPNV rund 100 Euro (oder ca. 153 sFr) im Monat auf, ein Pkw-Besitzer 350 Euro (oder ca. 537 sFr). Durch Carsharing ließen sich also 3 000 Euro (oder ca. 4 601 sFr) im Jahr sparen. Bei 9 500 Kilometer pro Jahr kommt ein Carsharing-Nutzer in einer Stadt wie Bonn auf monatliche Kosten von etwa 200 Euro (oder ca. 307 sFr). Wenn alle Rahmenbedingungen stimmen, spart dieser Kunde gegenüber dem Autobesitzer immerhin 1 000 Euro im Jahr (oder ca. 1 534 sFr). Dies gilt auch für einen Zweitwagen, der durch Carsharing überflüssig wird.
Für die Kostenberechnung in einer Fahrgemeinschaft bilden 20 Cent (oder ca. 0,30 sFr) pro Kilometer einen guten Richtwert. Teilen sich drei Pendler eine 60 Kilometer weite Fahrt, schlägt diese für jeden mit 4 Euro zu Buche (oder ca. 6 sFr) – billiger geht's eigentlich nicht.

34 Das Rad neu (er)finden – Gut für Klima und Kreislauf

Wann haben Sie zum letzten Mal auf Ihrem Fahrrad gesessen? Gerade in Städten mit hohem Kurzstreckenanteil ließe sich rund ein Drittel der Pkw-Fahrten auf das Rad verlagern. Das sind keine Hirngespinste, wie Amsterdam, Delft oder Münster zeigen, wo 32 Prozent aller Wege per Rad zurückgelegt werden. Die Chancen des Radverkehrs hängen allerdings stark vom Engagement der Gemeinden ab: Etliche konnten durch gezielte Förderung bereits über ein Fünftel des Verkehrs aufs Fahrrad bringen, in anderen hat sich gar nichts getan. Die deutsche Regierung hat daher den *Nationalen Radverkehrsplan* gestartet, um den Radlern den Weg zu ebnen – u.a. durch eine bessere Verknüpfung mit ÖPNV und Bahnen.

Wenn Sie aufs Velo steigen, tun Sie vor allem sich selbst viel Gutes. Mehrere Fahrten pro Woche verlängern Ihre Lebenserwartung, denn das Schlagvolumen des Herzens erhöht sich und der Blutdruck sinkt. So mindern Sie das Herzinfarktrisiko um die Hälfte. Die Gefäße bleiben flexibler und verkalken nicht so leicht. Fahrten von einer Stunde und mehr werfen die Fettverbrennung an, die Blutfettwerte sinken und mit richtigem Ausdauertraining können Sie Ihre Sauerstoffaufnahmefähigkeit um 20 Prozent verbessern. Die zyklischen Bewegungen beim Fahren optimieren die Ernährung des Knorpels, eine hervorragende Arthroseprävention. Schließlich stärkt Radeln noch den Rücken, besonders im Lendenwirbelbereich und der kleinen Rückenmuskulatur – Stellen, die nur wenige Gymnastikübungen erreichen.

Wussten Sie schon...

- In Ballungsräumen ist die Hälfte aller Pkw-Fahrten kürzer als 5 Kilometer, kürzer als 10 Kilometer sind sogar 80 Prozent aller Fahrten!
- Untersuchungen beweisen: Im innerstädtischen Bereich sind Sie auf Strecken bis ca. 5 Kilometern mit dem Rad schneller als mit jedem anderen Verkehrsmittel.

- Selbst auf Hauptverkehrsstraßen leiden Radler wegen der besseren Luftzirkulation unter wesentlich geringerer Abgasbelastung als Pkw-Insassen bei geschlossenen Fenstern.
- Beim Radeln verbrauchen Sie 4 bis 5 Kalorien in der Minute. Die körperliche Bewegung setzt Endorphine frei und die Stimmung steigt.
- Die Österreicher sind im Schnitt 127 Kilometer pro Jahr mit dem Fahrrad unterwegs, die Schweizer 270, die Deutschen gut 290 und die Niederländer sogar 841 Kilometer.

Tipps:

Ermüdungsfreies Fahren ist eine Frage der „richtigen Einstellung“: Die Rahmenhöhe muss zur Körpergröße passen. Stramm aufgepumpte Reifen rollen flotter als schlaffe.

Fahren Sie mit weniger Kraft und dafür hoher Tretfrequenz. Die meisten Stürze ereignen sich, wenn man geistig ermüdet oder unkonzentriert ist. Ausdauernd fahren Sie bei 80 bis 100 Umdrehungen pro Minute. Wenn Sie sich beim Treten noch gut unterhalten können, ist auch die Sauerstoffversorgung des Herzens gewährleistet. Sobald es in den Beinen zieht: Herunterschalten!

Optimal ist eine Belastungsdauer von einer halben bis zu einer Stunde – am besten täglich. Prüfen Sie Ihren Weg zur Arbeit mal auf Fahrradtauglichkeit, gegebenenfalls über radlerfreundliche Nebenstraßen oder Grünanlagen. In einer halben Stunde schaffen Sie bequem eine Strecke von 12 bis 15 Kilometern.

Vorsicht beim Fahrradkauf von Billigprodukten aus Lebensmitteldiscountern und Baumarktketten! Räder für 99 Euro oder noch weniger sind in den meisten Fällen schwer, Kette und Schaltwerk arbeiten oft nicht richtig zusammen und Tests deckten in einigen Fällen gravierende Sicherheitsmängel auf. Ein vernünftiges Rad ohne überflüssige Extras bekommen Sie für etwa 400 Euro.

Manchmal braucht man auch einen langen Atem, wenn man Druck für bessere Radbedingungen machen will. Wenden Sie sich an den Allgemeinen Deutschen Fahrrad Club (ADFC), er wird sie dabei unterstützen.

Und das kommt dabei raus:

Überlegen Sie, wie oft Sie eine kurze Strecke mit dem Rad statt dem Auto fahren könnten. Täglich? Jede Kurzstrecke kostet Sie im Auto etwa 50 Cent (oder ca. 0,77 sFr), mit den öffentlichen Verkehrsmitteln ist es noch deutlich teurer. Bei nur zweimal „Umsteigen" pro Woche kommen in einem Jahr schon 80 Euro zusammen (oder ca. 123 sFr). Jedes Mal, wenn Sie Ihre Benzinkutsche stehen lassen, sparen Sie außerdem: Schwefeldioxid, das zu Atemproblemen und Bronchitis führt; Stickoxidbelastungen, die die Lungenfunktion beeinträchtigen; Ozonbelastungen, die Kopfschmerzen und Asthma verursachen; Kohlenwasserstoffe, die krebserregend wirken sowie Kohlenmonoxid, das Wahrnehmung, Denkvermögen und Reflexe beeinträchtigt.

35 Über den Wolken – wirken Klimagifte am stärksten

Ein Wochenende im Schrebergarten? Langweilig! Oder Wandern? Bloß nicht! Ein Shopping-Trip nach London? Ja, das lässt sich hören! Und so wächst – mit jährlich 5 Prozent – der Flugverkehr schneller als alle anderen Verkehrsbereiche. Bei dieser Geschwindigkeit wird er sich jede Dekade mehr als verdoppeln. Nach neuesten Berechnungen ist er schon heute für 9 Prozent des Treibhauseffekts verantwortlich und war damit bereits im Jahr 2000 so klimaschädlich, wie es etwas ältere Schätzungen erst für 2020 erwartet hatten. In wenigen Jahren wird er den weltweiten Autoverkehr als Klimakiller Nummer 1 ablösen. Dies liegt am besonderen Wirkungsort der Flugzeuge: In 9 000 bis 12 000 Kilometern Höhe injizieren sie ihre Abgase in den empfindlichsten Bereich des Klimageschehens. Vor allem die hohen Schleierwolken, Zirruswolken genannt, die sich aus Eis an den Partikeln des verbrannten Kerosins bilden, behindern stark die Wärmeabstrahlung der Erde und verschärfen die Klimawirkung des Fliegens. Überdies zerstören die Stickoxide der Jets das schützende, stratosphärische Ozon. In der Summe erwärmt ein Flugzeug je Liter Treibstoff die Erdatmosphäre etwa viermal so stark wie ein Auto. Ausgerechnet das Verkehrsmittel mit der höchsten Umwelt- und Lärmbelastung wird am stärksten subventioniert: über direkte Beihilfen der Länder sowie die Befreiung von der Kerosinsteuer generell und der Mehrwertsteuer auf internationale Flüge. Manchen Flughäfen bleiben Körperschafts- und Grundsteuern jahrelang erspart. Die Anbindung an das Schienen- und Straßennetz darf trotzdem die öffentliche Hand übernehmen.

Wussten Sie schon...

- Ein einzelner Passagier erwärmt mit einem Flug von Frankfurt nach Los Angeles und zurück das Klima so viel wie durch fünf Jahre Autofahren. In der Schweiz macht der Flugverkehr bereits 13 Prozent der gesamten CO_2-Emissionen aus.
- Die Hälfte aller geflogenen Kilometer dient dem Tourismus, er verursacht zwei Drittel des Flugzuwachses. Kurzurlaube nehmen dabei überproportional zu.
- Weltweit schluckt der Flugverkehr pro Jahr etwa 230 Milliarden Liter Treibstoff und damit 6 Prozent des Weltölmarkts.
- Nur 6,5 Prozent der Weltbevölkerung haben am Flugverkehr Teil, allein 43 Prozent der deutschen Bundesbürger sind noch nie geflogen.
- Auf 1 000 Kilometern stößt ein Flugzeug 820 Gramm Stickstoff aus; die Bahn nur 62 Gramm.

Tipps:

Bringen Sie die Größe und Gelassenheit auf, den Lockangeboten billiger Kurzstreckenflüge zu widerstehen? Nein? Da sind Sie nicht allein. Viel wäre aber schon gewonnen, wenn Sie nach Möglichkeit erst ab 700 Kilometern Strecke ins Flugzeug steigen. Auf Strecken bis 400 Kilometer verbraucht das Flugzeug pro Person rund 5- bis 6-mal soviel Energie wie

die Bahn, bis 600 Kilometer ist es noch das Dreifache. Das günstigste Verhältnis zwischen Flugleistung und Umweltbelastung haben Flüge von etwa 5 000 bis 10 000 Kilometern, darunter und darüber wird es schlechter.
Mehrere Organisationen bieten an, gegen eine Spende die Klimawirkung Ihres Fluges zu neutralisieren. Auf Grundlage der Kosten, 1 Tonne Kohlendioxid „auszugleichen“, schlagen sie Ihnen eine Spendensumme vor, die Ihrem Flug entspricht. Das Geld kommt Aufforstungen oder energiesparenden Technologien zugute. Reisenden empfiehlt sich die Website www.atmosfair.com, die u.a. vom deutschen Bundesumweltministerium unterstützt wird. Hier gibt der Ausgleichsrechner für eine Reise nach Teneriffa einen freiwilligen Beitrag von ungefähr 20 Euro an (oder ca. 31 sFr), für einen Flug Wien – New York wären es 79 Euro. Damit kaufen Sie aber keinen Freibrief, sondern finanzieren Schadensbegrenzung!

Und das kommt dabei raus:

Die Hoffnung, mit dem Flugzeug viel Zeit zu sparen, kann sich gerade auf Kurzstrecken als Illusion herausstellen. Gegen die zugehörigen Dumpingpreise allerdings wird die Bahn nicht ankommen, solange sie Mineralöl- und Ökosteuer zahlen muss und Flugbetreiber Förderungen erhalten. Über diesen unfairen Wettbewerb beschwert sich die EU-Kommission indes schon seit Längerem und unter dem Druck leerer Staatskassen könnten die Zeiten massiver Preisvorteile beim Flugticket ihrem Ende entgegengehen. Bis dahin dürfen Sie Mehrausgaben für andere Verkehrsmittel als eine Investition in besseres Klima ansehen.

36 Auf den Bergen wohnt die Freiheit – nur noch selten

Die Alpen gehören zu den anfälligsten und zugleich höchst beanspruchten Ökosystemen der Erde. Besonders setzt ihnen der alljährliche Skizirkus zu. Auch wenn das Wintergeschäft stagniert, die Ausbauaktivitäten gehen weiter, z. B. um bislang unberührte Täler zu erschließen. Dabei leiden die Hänge enorm unter dem Planieren der Pisten. Es verdichtet den Boden, zerstört die Humusschicht und letztlich die Vegetationsdecke. Erosion und Schlammlawinen sind die Folge. Weil nur Skigebiete, die mindestens 100 Tage im Jahr geöffnet haben, wirtschaftlich überleben können, hat im Zuge der globalen Erwärmung ein Wettrüsten der Schneekanonen eingesetzt. Um sie zu versorgen, werden oft Bäche umgelenkt, und wo Kunstschnee aus relativ reichhaltigem Leitungswasser erzeugt wird, verändert er die Vegetation der ursprünglich mageren Standorte. Mit den typischen Pflanzen verschwinden spezialisierte Schmetterlinge oder Blattkäfer, und auch Vögel wie den Bergpieper oder die Alpenbraunelle wird man nahe alpiner Skigebiete vergeblich suchen. Trendsportarten wie Snowboarden oder Mountainbiking verschärfen die Situation, zumal wenn Sie damit abseits freigegebener Wege die Rückzugsgebiete der Wildtiere stören. Lebensraumverlust gefährdet die letzten Bestände von Birk-, Auer-, Schnee- und Haselhuhn mehr als alles andere.

Wussten Sie schon...

- Ein Viertel des weltweiten Tourismus findet in den Alpen statt. Das heißt: jährlich 500 Millionen Übernachtungen, 20 Millionen Skifahrer auf 18 000 Pisten.
- Mehr als eine Million Quellen entspringen in den Alpen: sie sind das „Wasserschloss Europas".
- Steigt die globale Temperatur bis 2030 wie prognostiziert um durchschnittlich 2,5 °C, wird unterhalb 1 500 Metern kein Schnee mehr liegen.

- Schneekanonen brauchen 13 000 Kilowattstunden Strom und 2 000 Kubikmeter Wasser, um einen Hektar zu beschneien. Das entspricht dem Strombedarf eines 4-Personenhaushalts binnen vier Jahren und dem Pro-Kopf-Wasserverbrauch für fast sieben Jahre! In Österreich flankieren sie schon rund 35 Prozent aller Pisten.
- In den bayerischen Alpen weisen zwei Drittel des Schutzwalds deutliche Waldschäden auf. Hauptverursacher sind die Abgase des Straßenverkehrs.

Tipps:

Reisen Sie möglichst mit öffentlichen Verkehrsmitteln an, der Bund Naturschutz informiert gezielt über Bergwanderungen mit Bus und Bahn.
Felsen sind karge Standorte, an denen sich eine Vegetation erhalten hat, deren Ursprung in die letzte Eiszeit zurück reicht. Bitte sammeln Sie keine Pflanzen ab. Bevor Sie auf Klettertouren gehen, informieren Sie sich bei den zuständigen Naturschutzverbänden, ob Ihre Route durch Brutgebiete oder andere Rückzugsräume gefährdeter Tierarten führt. Wanderfalken, Uhus, Käuze oder Fledermäuse sind auf ungestörte Felsspalten angewiesen.
Verzichten Sie auf das Variantenfahren abseits der Pisten oder durch den Bergwald. Besonders im Winter verlieren Tiere durch häufige Flucht lebenswichtige Energie. Außerdem steigt die Lawinengefahr.
Unterstützen Sie nicht den Einsatz von Schneekanonen, beschränken Sie sich auf schneereiche Regionen.
An alle Wanderer, Kletterer, Skifahrer und Mountainbiker: Beachten Sie unbedingt gesperrte Areale oder Kletterfelsen. Diese wollen nicht unnötig einschränken, sondern eine seltene Flora oder Ruhegebiete für Wildtiere markieren.
Bitte nehmen Sie Abfall wieder mit ins Tal. Vielleicht sogar etwas von dem, den andere zurück gelassen haben?

Und das kommt dabei raus:

Die tourismusgeprägten Bergorte befinden sich auf einem Wettlauf in die Sackgasse. Sie müssen ihre schwindende Ressource Natur immer teurer verkaufen und dabei weiter dezimieren. In der Saison 2002/03 kostete jeder Kubikmeter Kunstschnee in den Berchtesgadener Alpen, der auch wirklich liegen blieb, 4,50 Euro (oder ca. 7 sFr) – die zahlen Sie mit. Wenn Sie Ihre „Bergnutzung" etwas einschränken und umweltverträglich gestalten, können Sie Ihrem Hobby auch in 10 Jahren noch nachgehen, ohne auf eine Wüstenei zu stoßen.

Gut Essen und Trinken

Tafelrunde

Wer kam eigentlich auf die Idee, eine Tomate, die nicht mit Pestiziden und anderen Chemikalien behandelt wurde, „Bio-Tomate“ zu nennen? Warum haben wir uns daran gewöhnt, dass es „Bio-Lebensmittel“ gibt? Wahrscheinlich würde kein Mensch einen „Chemie-Blumenkohl“ oder einen „Pestizid-Kopfsalat“ kaufen. Aber genau das passiert tagtäglich. Sie heißen eben nur nicht so. Mehr Bio als nur „Tomate“ geht eigentlich nicht! Wir haben es also mit einem riesigen Etikettenschwindel zu tun, der in erheblichem Maße unsere Kaufentscheidungen auf Märkten, in Lebensmittelabteilungen und Supermärkten beeinflusst. Wer die Wahl hat zwischen Zwiebeln oder Bio-Zwiebeln, mag vielleicht für das „Bio“ nicht tiefer in die Tasche greifen. Aber wie sähe es aus, wenn Sie sich zwischen Zwiebeln und „Chemie-Zwiebeln“ entscheiden müssten?

Preise sagen... nicht viel

In unserem Kulturkreis herrscht die Meinung vor, Lebensmittel müssten billig sein. Niedrige Lebensmittelpreise werden teilweise sogar als Kriterium für Fortschritt und hohen Lebensstandard angesehen – ein Argument, das vielen Franzosen nicht in den Sinn käme. Und so überrascht es nicht, dass die deutschen Verbraucher am wenigsten Geld für Lebensmittel in der gesamten Europäischen Union ausgeben. Dies mag an der viel zitierten „Schnäppchenjäger-Mentalität“ der Deutschen liegen, wurzelt aber wohl eher darin, dass Preise mittlerweile völlig losgelöst vom Produkt wahrgenommen werden. Es gilt nur noch: niedrige Preise sind gut, hohe sind schlecht. Doch wie entstehen sie? Zahllose Variablen verdichten sich am Ende zum Preis und er ist ein „so flatterhaft Ding“, dass er zunächst wenig über die eigentliche Qualität von Produkten aussagt. Wird das, angeblich, immer gleiche Produkt aber immer billiger, ist Skepsis angezeigt. Im Lebensmittelsektor waren die Preise in den letzten Jahren vor allem geprägt von einem hart geführten Unterbietungswettkampf der Hersteller und Händler. Nur, an welchen Schrauben gedreht wird, um Lebensmittel billiger zu machen, das verraten die Preise nicht.

Lebensmittel werden immer teurer! Stimmt das?

„Richtig gutes Essen kann man sich halt nicht leisten.“ Sehen Sie das auch so, vielleicht insgeheim? Die langen Zahlenkolonnen statistischer Bundesämter und anderer Einrichtungen sprechen da eine klare Sprache: Seit Jahrzehnten liegt der Anstieg der Nahrungsmittelpreise unter dem der allgemeinen Lebenshaltungskosten. Abgesehen von vorüber gehenden Schwankungen und der allgemeinen Inflation haben sich Lebensmittel, über die letzten 40 Jahre betrachtet, nicht verteuert. Im Gegenteil, für fast alle Lebensmittel muss man heute weniger arbeiten als damals. Hat ein Haushalt 1962 durchschnittlich 37 Prozent seines Gesamtbudgets für Lebensmittel ausgegeben, sind es heute etwa 14 Prozent. Sogar der absolute Preis mancher Lebensmittel wie Butter, Kaffee oder Zucker ist kaum gestiegen und der Preis für Brathähnchen ist in den letzten 40 Jahren sogar gesunken.

Der ausgesprochen geringe Preisanstieg für Lebensmittel, der so niedrig ist wie in keinem anderen gesellschaftlichen Bereich, war nur durch die Intensivierung der Landwirtschaft und die Konzentration in Lebensmittelverarbeitung und -handel möglich. Im Lebensmittelhandel findet ein teilweise ruinöser Wettbewerb statt. Lag vor 20 Jahren der Marktanteil der fünf Branchenführer zusammen noch bei etwa einem Viertel, liegt er mittlerweile bei gut 60 Prozent. Diese Konzentration führt zu weiter fallenden Verbraucherpreisen.

Während sich die Verbraucher über billige Lebensmittel freuen, sind vor allem die Landwirte die Leidtragenden dieser Entwicklung, ihre Einkommen sind stark gesunken. Da der Erzeugerpreis für z. B. 1 Kilogramm Weizen heute niedriger liegt als vor 50 Jahren, beträgt der Erlös für die Bauern nur noch 5 Prozent vom Brotpreis – 1950 lag er noch bei knapp 66 Prozent. Von einem Brötchen geht also rund 1 Cent an den Bauern. Und so kommt es, dass Landwirte den Löwenanteil ihrer Einkünfte aus den Subventionen der EU beziehen, die in den Agrarsektor die Hälfte ihres gesamten Etats pumpt. Und der gründet sich wiederum auf Steuermittel.

Das alles wirft außerdem die Frage auf, welche Lebensmittelqualität für so wenig Geld zu erwarten ist, wie vor diesem Hintergrund Erzeugungs-

und Tierhaltungsbedingungen aussehen. Kritiker dieser Entwicklung spotten, Lebensmittel dürften gar nicht angemessen teuer sein, schließlich müssten die Konsumenten auch noch andere Wirtschaftszweige „bedienen“: Sich für einen Handy-Vertrag zu verschulden, geht völlig in Ordnung. Kostet hochwertiges Fleisch so viel wie Katzenfutter, wird es als Zumutung empfunden.

Versteckte Kosten, die jeder zahlt

Also gut, Lebensmittel sind nicht wirklich teuer, aber besser so als andersrum. Würden wir wie 1970 ein Drittel oder wie in den 50ern gar die Hälfte unseres Einkommens fürs Essen ausgeben müssen, wäre alles noch schlimmer. Wirklich? Glauben Sie nicht, dass es den Preissturz im Gemüseregal, die Leberwurst zum Daueraktionspreis „geschenkt“ gibt. Sehen wir uns als ein Beispiel nur den Transport an: Lebensmittel, die nicht mehr auf dem Dorfmarkt angeboten, sondern auf dem Spotmarket gehandelt werden, sind viel unterwegs. Unser Anspruch, alles zu jeder Jahreszeit im Angebot der Supermärkte vorzufinden, tut sein Übriges zum eskalierenden Transportvolumen, vornehmlich auf der Straße. Vergangenes Jahr legten Transit-Lkw auf Österreichs Straßen 780 Millionen Kilometer zurück – 18 000-mal um die Erde. Laster, die rollenden Warenlager, beschädigen mit jeder Fahrt Straßen und Gebäude. Ein 40-Tonner walkt die Fahrbahn genauso stark durch wie 160 000 Pkw. Damit sind schwere Lkw direkt für den größten Teil der Straßen- und Brückenschäden verantwortlich. Und wer zahlt's? Die EU-Kommission hat festgestellt, dass das Gebührenaufkommen aus dem Straßengüterverkehr nicht einmal 10 Prozent der Kosten für die Straßennutzung deckt. Daneben trägt die Gesellschaft auch die anderen externen Kosten des Güterverkehrs, die in Form von Unfällen, Umwelt- und Klimaschäden entstehen. Selbst vorsichtige Berechnungen veranschlagen die offenen Kosten mit zweistelligen Milliardenbeträgen. Dafür kann man viel Leberwurst zu ordentlichen Preisen kaufen.

Politik und Industrie wenden ein, teurer Transport bedroht Arbeitsplätze. Tatsächlich wurden aber viele Arbeitsplätze in Niedriglohnländer verlagert, weil sich der billige Transport kaum im Endpreis der Ware niederschlägt. Höhere Transportpreise dagegen fördern regionale Wirtschaftskreisläufe. Heimische Produzenten, z. B. in der Landwirtschaft, würden davon besonders profitieren. Ein vielfältiges Angebot regionaler Produkte sowie ehrliche Zuweisung der Transportkosten – und schon rechneten sich unnötige Lebensmitteltransporte quer durch Europa nicht mehr.

Mehr genießen!

Fällt das Wort Bio-Lebensmittel, zucken die meisten zusammen: Jetzt wird's aber wirklich teuer, oder? Mal sehen. Verschiedene Untersuchungen haben gezeigt, dass Kunden für sogenannte Bio-Lebensmittel einen Mehrpreis von bis zu 30 Prozent akzeptieren würden. Tatsächlich liegen ökologische Erzeugnisse jedoch mit durchschnittlich mehr als 50 Prozent Aufschlag deutlich darüber. Durch eine veränderte Zusammenstellung Ihres Lebensmitteleinkaufs können Sie die Mehrkosten allerdings kompensieren: Eine Studie der Universität Stuttgart-Hohenheim ergab, dass „Bio-Haushalte" durchschnittlich 40 Prozent höhere Ausgaben für Bio-Lebensmittel haben, als für die entsprechenden konventionellen Produkte nötig wären. Doch da Bio-Haushalte in der Regel eine andere Lebensmittelauswahl treffen als „konventionelle Haushalte" (vor allem weniger Fleisch, Süßigkeiten, alkoholische Getränke, Genussmittel usw.), lagen die Gesamtausgaben der Bio-Haushalte für Ernährung sogar unter denen der „konventionellen Haushalte". Auch das Öko-Institut in Freiburg stellte hierzu Berechnungen an: Wenn zehn Grundnahrungsmittel – Milch, Butter, Eier, Kartoffeln, Weizenmehl, Reis, Teigwaren, Brot, Kaffee, Bananen – statt in konventioneller in ökologischer Qualität gekauft werden, erhöhen sich die Ausgaben eines durchschnittlichen 4-Personenhaushalts um 40 Euro pro Monat (oder ca. 61 sFr). Werden gleichzeitig die Produktgruppen Fleisch, Fleischwaren, Zucker, Süßwaren und Marmelade um ein Drittel reduziert, bleiben die Ausgaben dagegen annähernd stabil. Ein gewisses Einsparpotenzial ist demnach vorhanden. Tatsächlich verfügen zahlreiche Käufer von Bio-Produkten gar nicht mal über viel Geld, z. B. Familien mit Kleinkindern oder Studierende. Aber warum sollte man überhaupt darüber nachdenken, für Bio-Produkte ggfs. etwas mehr auszugeben? Einen Grund könnte eine

Untersuchung der Universität Washington aus dem Jahr 2003 liefern. Die Studie an zwei- bis fünfjährigen Kindern ergab, dass eine Ernährung auf Basis ökologisch produzierter Lebensmittel die Belastung mit Organophosphat-Pestiziden drastisch senken kann. Im Urin von Kindern mit mindestens 75 Prozent „Bio-Diät" konnten die Wissenschaftler nur ein Sechstel der Pestizidrückstände nachweisen, die sie bei Kindern mit mindestens 75 Prozent herkömmlicher Ernährung gefunden hatten. Die Pestizid-Belastung der Kinder, die hauptsächlich konventionell erzeugte Lebensmittel verzehrt hatten, lag teils sogar über den Werten, die die amerikanische Umweltbehörde (EPA) für unbedenklich erklärt. Der Vorsprung der „Bio-Diät" zählt umso mehr, da Kinder besonders viel Obst und Gemüse essen und im Vergleich zum Körpergewicht mehr Nahrung umsetzen als Erwachsene. Unnötig zu sagen, dass der Verzicht auf Pestizide auch für die Natur in den jeweiligen Anbaugebieten eine Wohltat ist. Der Öko-Landbau kann noch mehr: Er kommt mit zwei Drittel weniger Primärenergie aus, verursacht um die Hälfte weniger Klimagase, stoppt Bodenerosion usw.

Es scheint also doch Wege zu geben, sich gut zu ernähren, ohne zu „verarmen" oder zusätzlich externe Kosten zu produzieren, die einem dann „durch die Hintertüre" wieder reingereicht werden. Aber für mehr Qualität muss man nicht in erster Linie mehr bezahlen, man muss sie verlangen. Und wo stehen wir da heute? Im Schnitt isst jede und jeder Deutsche alle vier Tage eine Tiefkühlpizza. Der Veränderung im Kopf folgt die Veränderung in der Küche... so oder so.

37 Warum in die Ferne schweifen – Lebensmittel aus der Region

Spargel zu Weihnachten und Erdbeeren an Ostern sind mittlerweile Standard, wozu gibt es schließlich Schiff und Flugzeug. Doch auch Waren, die nicht aus der Saison fallen, haben oft zahllose Kilometer auf dem Buckel. Der freie Welthandel besteht zu über 50 Prozent aus gleichzeitigem Import und Export gleichartiger Güter. Die Transporte haben ihren Preis: Selbst beim relativ umweltfreundlichen Transport per Schiff verursachen Produkte aus Übersee 11-mal mehr Kohlendioxid und 28-mal mehr Schwefeldioxid als heimische Ware. Der Transport mit dem Flugzeug lässt den Mehrverbrauch an Energie sogar auf das 90fache ansteigen. Importe aus dem „nahen" Europa belasten die Umwelt immer noch 2- bis 3-mal mehr als Lebensmittel aus der Region. Mit der Entfernung wachsen Lärmbelästigung und Luftverschmutzung. Nicht zuletzt schlägt in einer Energiebilanz die Beheizung von Glashäusern ordentlich zu Buche. Damit Obst und Gemüse die langen Transporte überstehen, werden sie unreif geerntet und das schmeckt man auch. Der offene Markt und der Konzentrationsprozess im Handel setzen die Erzeugerpreise unter Druck. Ein Grund, warum jährlich 2 bis 3 Prozent der landwirtschaftlichen Betriebe schließen müssen. Gerade die kleinen, eher naturnahen Höfe unter 50 Hektar finden auch mit sehr langen Arbeitstagen kaum noch ein Auskommen. Mit den Bauern verschwinden Handwerker und Dienstleister, der ländliche Raum verödet.

Wussten Sie schon...

- Von Mai bis Juli kostet es weniger als einen halben Liter Erdöl, 1 Kilogramm Spargel auf den Tisch zu bringen, im Januar dagegen 5 Liter.
- Im Sommer kommt weit über die Hälfte der angebotenen Äpfel aus Südamerika, Neuseeland oder Südafrika. Anfang der fünfziger Jahre lag der Selbstversorgungsgrad noch bei 82 Prozent.

- 1 Kilogramm Weintrauben braucht für die 10 000 Kilometer lange Flugreise aus Südafrika 4,3 Liter Kerosin und verursacht damit 11 Kilogramm Kohlendioxid.
- Tomaten aus dem Gewächshaus verbrauchen 50-mal mehr Energie als Freilandtomaten.
- Bis 2015 wird eine Steigerung des Güterstraßenverkehrs gegenüber 1997 um 50 bis 79 Prozent prognostiziert.
- Würden nur Lebensmittel eingeführt, die in unseren Breiten nicht wachsen, ließe sich der Kohlendioxid-Ausstoß* um 22 Prozent verringern.

Tipps:

Besonders beim Lebensmitteleinkauf können Sie regionale Wirtschaftskreisläufe (dazu zählen auch Arbeitsplätze) stärken. Kaufen Sie hauptsächlich solche Produkte aus Übersee, die hierzulande einfach nicht angebaut werden. In Deutschland, Schweiz und Österreich existieren viele Regionalinitiativen. Ihre Produkte finden Sie auf Bauern- und Wochenmärkten oder in den Hofläden der angeschlossenen Landwirte. Hofläden bieten ein Vollangebot vergleichbar dem der Naturkost- oder Bioläden.

Fragen Sie auch in Ihrem Stammgeschäft nach regionalen Lebensmitteln. Ebenso können Sie als Gast im Restaurant oder in der Kantine Ihr Interesse an regionalen und saisonalen Spezialitäten bekunden.

Als Hobbygärtner können Sie das Thema „aus der Region, aus der Saison" natürlich besonders elegant abhaken. Einige Kochbücher haben sich auf saisonale Lebensmittel spezialisiert. Hier finden Sie passende Rezepte für Vorspeisen, Suppen, Hauptgerichte und Desserts für jede Jahreszeit. Wann wächst was? Obst-und Gemüsekalender verraten es.

Und das kommt dabei raus:

Mit Einkäufen aus der Region und der Saison können Sie oft sparen, da weite Transporte und Zwischenhändler entfallen. Zusätzlich sichern Sie

* *Kohlendioxid? Siehe Seite 12.*

Arbeitsplätze und Lehrstellen in Landwirtschaft und Handwerk. Klein- und Mittelstandsbetriebe wiederum investieren ihr verdientes Geld größtenteils vor Ort. Kurze Wege bedeuten für Obst und Gemüse mehr Qualität und Frische. Außerdem wissen Sie, woher Ihr Essen kommt.

38 Öko-Landbau – Längst mehr als ein Trend für Spinner

Mit schweren Maschinen, mineralischem Kunstdünger und chemischem Pflanzenschutz leitete die Landwirtschaft ihre letzte große Revolution ein. Es gelang ihr, ein Vielfaches dessen aus den Böden zu holen, was über Jahrhunderte als Limit galt. Angesichts der fantastischen Ertragssteigerungen schien Hunger aufgrund von Missernten besiegt. In der Euphorie übersah man indes, dass die Intensivlandwirtschaft die Böden oftmals überstrapazierte und immer mehr Tier- und Pflanzenarten verdrängte. Traktoren und Erntemaschinen zerstören den komplexen Aufbau eines lebendigen Bodens, zuviel Phosphate sowie Nitrate aus den Düngern belasten die Gewässer und die jährlich ausgebrachten Tonnen Pestizide gelten als Motor des Artenschwunds. Neben diesen Phänomenen zeitigte die neue Landwirtschaft auch einen typischen Effekt jeder Produktivitätssteigerung: In Deutschland sind seit 1970 von den 2,7 Millionen Arbeitsplätzen in der Landwirtschaft fast zwei Drittel verschwunden. Österreich und die Schweiz haben immerhin jeweils ein Drittel verloren. Der ökologische Landbau geht einen anderen Weg, der traditionelle Techniken mit modernen wissenschaftlichen Erkenntnissen verbindet. Biobauern verzichten auf Kunstdünger, synthetische Pflanzenschutzmittel oder gentechnisch veränderte Sorten. Sie verpflichten sich, ihre Tiere artgerecht zu halten und mit ökologisch produziertem Futter aufzuziehen, das natürlich auch keine Antibiotika oder andere Leistungsförderer enthalten darf. Daneben haben sie eine abwechslungsreiche Fruchtfolge einzuhalten und dürfen Grünland nicht überweiden. Es gelten genaue Vorschriften, wie viele Rinder und Kälber je Hektar grasen dürfen. Das Ziel für Deutschland lautet: Bis 2010 sollte der Öko-Landbau auf 20 Prozent der landwirtschaftlichen Flächen Einzug halten. Das hat Österreich längst erreicht und strebt jetzt die 50-Prozentmarke an!

Wussten Sie schon...

- Reste von Pflanzenschutzmitteln finden sich überall: Auf Lebensmitteln, im Trinkwasser, in der Muttermilch, sogar in Fischen und Säugetieren der Arktis.
- Bezogen auf die Menge ihrer Erzeugnisse produzieren Ökobetriebe nur halb so viele Klimagase – Kohlendioxid, Methan und Lachgas – wie die herkömmliche Landwirtschaft.
- Im Umfeld von ökologisch bewirtschafteten Flächen lassen sich bis zu 44 Prozent mehr Vögel nachweisen.
- Mehr als nur Möhren: Schon ca. 18 000 verschiedene Artikel tragen das EU-weit gültige Bio-Siegel.
- Mit jedem Liter Biomilch sichern Sie die ökologische Bewirtschaftung von 2,5 Quadratmetern Weideland, mit jedem Kilogramm Biobrot von 3 Quadratmetern Getreidefläche.

Tipps:

Lebensmittel aus ökologischer Produktion erkennen Sie am grünen Sechseck des EU-Biosiegels. Neben allen Grundnahrungsmitteln finden Sie das komplette Sortiment an Waren, das Sie aus herkömmlicher Erzeugung kennen: Bier, Wein oder Konfitüre, Snacks und Süßigkeiten usw. Wenn die Zeit knapp ist, können Sie außerdem aus vielen Convenienceprodukten und Fertiggerichten Ihre Favoriten mit Bio-Siegel wählen.
Wer sich nicht lange mit Einkaufen aufhalten möchte, kann sich seinen individuellen Warenkorb, auch im Abonnement, an die Haustüre liefern lassen.
Nur sehr wenige Verbraucher kaufen ausschließlich Bio-Waren. Darauf kommt es auch gar nicht in erster Linie an. Schon wenn Sie nur etwa 10 bis 20 Prozent Ihrer Einkäufe beim Bio-Bauern, dem Fachgeschäft

oder in einem der zahlreichen Supermärkte mit Bio-Produkten tätigen, verhelfen Sie dem umweltschonenden Konzept des Öko-Landbaus zu einem stabilen Absatz, der mittelfristig auch etwas geringere Preise ermöglicht.

Und das kommt dabei raus:

Viele freuen sich über die Rekord-Niedrigpreise von Lebensmitteln. Kaum jemand kennt dagegen die Kosten, die der Intensivlandbau der Gemeinschaft aufbürdet. Ende der neunziger Jahre bezifferte das Institut für Gartenbauökonomie der Universität Hannover allein die externen Kosten des Pestizideinsatzes mit 126 Millionen Euro – aus Steuergeldern. Bio-Lebensmittel sind teurer, keine Frage. Der Öko-Landbau erzielt ja mit mehr Arbeitseinsatz niedrigere Erträge, dafür aber auch auf einem hohen Qualitätsniveau. Indem Sie, wenigstens teilweise, auf Bio-Lebensmittel umsteigen, ernähren Sie sich mit Genuss garantiert gesund und bewahren überdies unsere vielfältigen Kulturlandschaften und deren Artenreichtum – z. B. für Ihre Kinder.

39 Fleischeslust – Was das „Stück Lebenskraft“ wirklich kostet

Im Jahr 1988 hatten die Deutschen einen Rekord aufgestellt: im Fleischessen. Jeder von uns hat damals rund 70 Kilogramm verzehrt. Heute sind es zwar nur noch 60 Kilogramm im Jahr bzw. 165 Gramm am Tag. Der aktuelle Verzehr liegt in Österreich so hoch wie in Deutschland, die Schweizer kommen mit rund 8 Kilogramm jährlich weniger aus. Dieser Fleischkonsum ist aber immer noch sehr viel mehr, als sich die Mehrheit der Menschen weltweit leisten kann und mehr, als uns die längste Zeit unserer Geschichte zur Verfügung stand. Ermöglicht hat dies erst die Rodung großflächiger Gebiete in Nord- und Südamerika, wo Land

und Arbeitskräfte billig zu haben waren. Artenreiche Wälder mussten monotonen Weiden oder Futteräckern weichen, fruchtbare Böden verwandelten sich in Ödland.
Dabei zeigt die Fleischproduktion ein überaus ungünstiges Verhältnis von Aufwand und Nutzen. Das liegt daran, dass nur etwa 10 Prozent der Energie, die in einer beliebigen Nahrung steckt, bei dem Lebewesen als Körpergewicht hängen bleibt, das sie verzehrt. Der Rest geht letztlich als Wärme verloren. Das gilt für alle Tierarten annähernd gleich, ist also ein „Naturgesetz". In der Viehwirtschaft bedeutet dies, dass für 1 Kilogramm Fleisch fast 10 Kilogramm Viehfutter produziert werden müssen. Schon dieser Energieaufwand geht auf Kosten der natürlichen Ressourcen, doch das Vieh selbst leistet noch einen extra Beitrag. Rinder scheiden Methan aus, ein Gas, das unser Klima erheblich stärker belastet als CO_2. Schließlich ist zu bedenken, dass der Export von Viehfutter eng mit dem Hunger in den Herkunftsländern zusammen hängt: Ein Drittel der gesamten Getreideernte Mexikos wird an Rinder verfüttert, zwei Drittel der Futtermittelimporte der EU stammen aus Entwicklungsländern. Es gibt also viele gute Gründe, sich beim Fleischgenuss umzustellen. Das Argument, das sei viel zu teuer, gilt nicht. Noch 1950 musste ein Industriearbeiter durchschnittlich 3,5 Stunden für 1 Kilogramm Schweinefleisch arbeiten, heute genügt dazu der Lohn von 45 Minuten.

Wussten Sie schon...

- Rund 1,3 Milliarden Rinder bevölkern heute die Erde und grasen fast ein Viertel der gesamten Landfläche unseres Planeten ab.
- Allein die Rinderhaltung – Waldrodung für Weiden und Futtermittel einbezogen – trägt fast so viel zum Treibhauseffekt bei wie der gesamte Autoverkehr.
- Ein Mastbetrieb mit 10 000 Tieren produziert an einem Tag die gleiche Menge Abfall wie eine Stadt mit 110 000 Einwohnern.
- Manche der wüst gewordenen Landstriche in Europa, beispielsweise in Spanien, gehen auf Waldrodungen für die Viehwirtschaft im 16. und 17. Jahrhundert zurück.

Tipps:

Weniger ist mehr: Wie wär's, wenn nur dreimal pro Woche Fleisch auf den Tisch käme – dann aber richtig gute Qualität? Nehmen Sie lieber ein Steak als aufwändig weiterverarbeitete Produkte wie Wurstwaren. So erkennen Sie die Qualität besser und sparen viel Energie, die in die Verarbeitung geht. Finden Sie einen Metzger mit regionalen Lieferanten. Fragen Sie, woher das Fleisch stammt und wie die Tiere dort gehalten werden. Ein Besuch beim Biobauern in Ihrer Nähe gibt Aufschluss über Angebot und Preise. Mit dem Kauf von Bioprodukten unterstützen Sie auch den Natur- und Artenschutz, wie aktuelle Untersuchungen zeigen. Mögen Sie Wild? Dann greifen Sie zu! Zur Zeit muss für die Waldpflege ohnehin häufig Rotwild geschossen werden.

Und das kommt dabei raus:

Hohe Subventionen machen Fleisch aus herkömmlicher Produktion sehr billig. Die EU subventioniert jede Kuh mit zwei Euro täglich. Daher können Sie durch den Verzehr anderer Lebensmittel anstelle von Fleisch nicht viel einsparen. Für Fleisch aus ökologischer Landwirtschaft müssen Sie rund drei Viertel mehr ausgeben. Doch bessere Qualität fürs gleiche Geld ist machbar: Geben Sie Ihr derzeitiges „Fleischbudget" beim Biometzger aus. Damit reduzieren Sie gleichzeitig den Fleischverzehr auf ein gesundes Maß. Auch wenn Sie nicht viel Geld sparen können, ersparen Sie Klima, Boden und Wasser große Belastungen und Schlachttieren qualvolle Transporte.

40 Leere Netze – Fische brauchen eine Auszeit

Ernährungsmediziner raten zu zwei Fischmahlzeiten die Woche, doch woher nehmen? Die Bestände von Kabeljau in der Nordsee, Seehecht westlich Großbritanniens und Dorsch in der östlichen Ostssee sind teils völlig zusammengebrochen. Tatsächlich gelten bis zu drei Viertel der 200 wirtschaftlich bedeutenden Fischarten als überfischt. Damit sie sich halbwegs erholen könnten, müssten etwa 40 Prozent aller Fischereien ihre Arbeit einstellen. Doch gegen deren Interessen finden langfristige Strategien und niedrigere Fangquoten bislang keine Mehrheit. So werden weiter Arten wie der Rotbarsch befischt, von denen niemand weiß, welche Mindestgröße der Population das Überleben sichern würde. „Kollateralschäden" bestimmter Fangmethoden wie umgepflügte Meeresböden und abrasierte Korallenriffs sind an der Tagesordnung, ebenso Unmengen an Beifang: Gefangene Meerestiere, die nicht zu verkaufen sind, die falsche Größe haben oder deren Fangquote bereits ausgeschöpft ist, werden tot oder tödlich verletzt ins Meer zurück geworfen. Hering, Sardine und Makrele können immerhin so zielgenau gefischt werden, dass nur 3 bis 10 Prozent Beifang anfallen. Bei Garnelen und Plattfischen sind es 40 bis 80 Prozent.
In ihrer gegenwärtigen Form retten auch Aquakulturen die Fische(rei) nicht. Sie verschlingen zu viel Fischmehl – allein 30 Millionen Tonnen aus Sardellen und Sandaalen jährlich – und belasten die Gewässer. In Shrimps aus Südostasien finden sich immer wieder die bei uns verbotenen Antibiotika Chloramphenicol und Nitrofuran. Für tropische Shrimpsfarmen werden außerdem vielfach Mangrovenwälder abgeholzt.

Wussten Sie schon...

- Die Deutschen verspeisen rund 14 Kilogramm Fisch pro Kopf und Jahr – deutlich mehr, als unsere eigenen Küsten- und Binnengewässer liefern können: Die deutsche Fischindustrie hängt zu 80 Prozent von Importen ab.

- Der Bestand der großen Fischarten ist in den letzten 50 Jahren weltweit um 90 Prozent eingebrochen.
- Gab die Nordsee 1972 noch 350 000 Tonnen Kabeljau her, waren es 2000 nur noch 100 000 Tonnen.
- Auf jedes Kilogramm marktfähige Seezunge kommen 3 bis 6 Kilogramm Beifang.
- Jedes Jahr gehen 20 Millionen Tonnen Fisch, Meeressäuger und andere Tiere als Beifang zu Grunde.

Tipps:

Seit Januar 2002 müssen Fischereierzeugnisse in der EU neben der Handelsbezeichnung auch Auskunft über die Produktionsmethode und das Fanggebiet geben. Sowohl Greenpeace als auch der WWF in Zusammenarbeit mit den Verbrauchzentralen haben zu Ihrer Orientierung Einkaufsführer erstellt. Als völlig problemlos erachtet Greenpeace nur Forellen, Karpfen und Lachs aus ökologischer Zucht sowie herkömmlichen Karpfen, Makrele und Hering. Der WWF sieht noch Zander, Hoki und Alaska-Wildlachs – nicht Seelachs! – als akzeptabel an. Es folgt eine lange Liste von Arten, die weitere Befischung kaum oder gar nicht mehr ertragen, darunter alle Plattfische.

Achten Sie auf diese beiden Gütesiegel: Das Zeichen des Marine Stewardship Council (MSC) – weißer Fischumriss auf blauem Oval – stellt ökologische Mindeststandards auf See sicher. Angeschlossen haben sich unter anderen Iglo, Frosta, Friedrichs, Mare, Metro. Naturland weist ökologische Zucht aus bei Wildlachs, Forellen, Karpfen, Shrimps und Muscheln.

Kennzeichnungen wie „delphinfreundlich“ sind ungeschützt, Firmen können sie beliebig einsetzen. Wer beim Fang wirklich Meeressäuger schont, verrät die Positivliste der Gesellschaft zur Rettung der Delphine e.V. (GRD). Allerdings ist der häufig mit Delphinschutz in Zusammenhang gebrachte Thunfisch mittlerweile selbst schutzbedürftig geworden. Wenig bekannt ist, dass sich hinter Schillerlocke und Seeaal der vom Aussterben bedrohte Dornhai verbirgt. Meiden Sie Hochverarbeitetes

wie Fischstäbchen und verdächtig billige Edelprodukte wie Shrimps oder Lachs.
Besonders die Omega-3-Fettsäuren machen Fisch so gesund. Jedoch hat nur fetter Fisch viel davon und im Fett lagern sich viele Schadstoffe ab. Pflanzenöle und Margarine, reich an Alpha-Linolensäure, wirken ähnlich.

Und das kommt dabei raus:

Bislang schafft es die Politik nicht, das Ruder der Fischfangflotten herum zu reißen. Indem Sie gezielt Produkte mit den noch recht neuen Gütezeichen für nachhaltige Fischerei wählen, gehören Sie zur Avantgarde und helfen mit, frei schwimmenden Fisch, eines der letzten echten Naturprodukte, auch für künftige Generationen zu bewahren.

41 Fair play heißt fair pay – Umweltschutz durch gerechten Lohn

Mit Kolumbus' Entdeckungsfahrten kam der europäische Adel auf den Kakaogeschmack und liegen gelassene Kaffeesäcke der Türken entfachten nach der Belagerung Wiens die nächste Leidenschaft der Bessergestellten. Heute stehen exotische Leckereien ganz selbstverständlich auf jedermanns Speisezettel, vergessen wurden bei diesem Aufschwung die Produzenten. Nahezu rechtlos schuften die Arbeiterinnen und Arbeiter für Zwischenhändler und Monopolisten mit so geringem Verdienst, dass oft auch ihre Kinder mithelfen müssen, u.a. auf brasilianischen Orangenplantagen. Umweltstandards: ebenfalls Fehlanzeige. Typische Monokulturen wie Kaffee oder Tee werden unter hohem Pestizideinsatz bewirtschaftet und hinterlassen, wo früher Urwald stand, ausgelaugte Böden, die der Erosion anheim fallen.

Da viele Anbaugegenden geradezu landwirtschaftlich gleichgeschaltet sind – Ghanas Einnahmen stammen bald zur Hälfte aus dem Kakaoexport – werden sie erpressbar, zu immer schlechteren Bedingungen zu liefern. Der Kaffeepreis befindet sich seit Jahren im freien Fall und hat mit 0,6 Dollar je Pfund ein Niveau erreicht, das oft unter den Produktionskosten liegt. An kurzen Erholungen verdienen lediglich Börsenspekulanten.

Aus dieser Spirale kann nur aussteigen, wer mit einem angemessenen Lohn rechnen darf, wie ihn FairTrade garantiert – beim Kaffee sind das zur Zeit 1,26 Dollar je Pfund. FairTrade fördert kleinbäuerliche Familien, die traditionell nachhaltiger wirtschaften, schließt Kinderarbeit aus und vereinbart langfristige Lieferbeziehungen. Die rund 800 000 angeschlossenen Bauern sind nicht mehr gezwungen, ihre Natur zu übernutzen und können schließlich Prinzipien des Ökolandbaus übernehmen, wofür es einen zusätzlichen Bio-Aufschlag gibt. Im Schnitt werden bereits 40 Prozent der FairTrade-Produkte ökologisch angebaut, bei Tee sind es fast schon 70 Prozent.

Im deutschsprachigen Raum vertreibt TransFair die FairTrade-Produkte.

Wussten Sie schon...

- Kaffee ist nach Erdöl der weltweit zweitwichtigste Exportrohstoff und für über 100 Millionen Menschen die einzige Erwerbsquelle. Deutsche wie Schweizer trinken jedes Jahr 800 Tassen pro Kopf. Noch mehr schlucken die Österreicher. Ihren Jahresverbrauch von 8,2 Kilogramm pro Kopf überbieten in Europa nur die Skandinavier.
- Auf Bananen aus herkömmlichem Anbau – und die Arbeiter – gehen jede Saison 45 Kilogramm Pestizide je Hektar nieder. Im Handelspreis schlägt der Giftregen mit über einem Drittel zu Buche.
- Die wichtigsten Zutaten für Schokolade kommen aus dem Süden des Globus, leisten kann sie sich aber fast ausschließlich der reiche Norden.
- Rund 90 Prozent unseres Orangensafts kommen aus Brasilien. Als Trinkweltmeister mit 21 Litern pro Kopf und Jahr haben die Deutschen besonderen Einfluss auf die Produktion.

- Deutschland hat den größten Honighunger, doch einheimische Bienen können nur 20 Prozent davon stillen. Den Rest liefert größtenteils die „Dritte Welt".

Tipps:

Halten Sie Ausschau nach dem TransFair-Logo, Sie finden es in 22 000 Supermärkten und 800 Weltläden. In Zeiten der endlosen Billig-Kampagnen kommt es auf jeden Einkauf an.
„Fair" schmeckt nicht? Das traditionelle Langzeitröstverfahren macht den fairen Kaffee sogar bekömmlicher als die meisten üblichen Sorten. Mittlerweile gibt es über 100 verschiedene Kaffeemischungen und über 30 Teesorten. Da könnte doch auch etwas für Sie dabei sein.
Auch häufiger zu Obstprodukten aus der näheren Umgebung zu greifen, ist eine gute Idee. Sie brauchen nur ein Zehntel der Energie weit gereister Importe. Und Vorsicht: Apfelsaft-Konzentrat, vor allem für Mischgetränke, wird großenteils aus China importiert, das fast so viele Äpfel produziert wie der Rest der Welt zusammen.

Und das kommt dabei raus:

Wenn die Bauern in den Herkunftsländern unserer Leckereien deutlich höher entlohnt werden, zumal für ökologischen Anbau, können die Endprodukte hier natürlich keine Tiefpreisrekorde aufstellen. Da FairTrade-Vertriebsstrukturen Zwischenhändler konsequent ausschalten, kommen die Produkte aber auch kaum teurer als die „unfairen". Für einen Aufpreis von nicht einmal 2 Cent je Tasse fairen Kaffees verhelfen Sie den Menschen, die ihn anbauen, zu Bildung sowie medizinischer Versorgung und schützen den Regenwald.

Lifestyle

„Ich kauf' mir was..."

Uns geht's gut. Nimmt man unser Konsumverhalten als Messlatte, geht es uns seit Jahrzehnten sogar immer besser. Die UNO rechnet vor, dass sich Ende der 90er Jahre der private Konsum gegenüber 1975 verdoppelt, gegenüber den goldenen 50ern gar versechsfacht hatte. Doch Sie ahnen es schon, nicht jeder findet sich in diesen Zahlen wieder. Und wirklich, während das reichste Fünftel der Weltbevölkerung über 86 Prozent aller Konsumgüter verfügen kann, bleiben für das ärmste Fünftel 1,1 Prozent davon übrig. Im letzten Teil der *50 einfachen Dinge* geht es dementsprechend darum, welche Bedeutung unser Konsum für Umweltschutz und Gerechtigkeit gleichermaßen hat.

Leben auf großem Fuß

Als gängiges Bild für den gesamten Ressourcenverbrauch der Menschheit hat sich der „ökologische Fußabdruck" etabliert. Er beschreibt den Anteil der Erdoberfläche, den wir benötigen, um unseren Bedarf an Rohstoffen, Energie und Nahrung zu decken. Um diesen Fußabdruck zu vermessen, legt man die biologische Produktivität der Erdoberfläche zu Grunde – und stößt auch schon auf die erste schmerzliche Erkenntnis: Nur knapp ein Viertel des Globus ist „produktiv", der Rest liefert nichts, was uns zum Leben nützt. Rund 11,5 Milliarden Hektar müssen demnach genügen, die Bedürfnisse der Menschheit dauerhaft zu befriedigen. Problem Nummer 2: Die Leistungsfähigkeit dieses Viertel Erdballs lässt stetig nach. Seit 1970 haben sich die Bestände wichtiger Tierarten, deren Wohlbefinden den Zustand ihres jeweiligen Ökosystems repräsentiert, zu Land um 15 und im Meer um 35 Prozent verringert. Am schlimmsten traf es die süßwassergebundenen Lebewesen: Ihre Populationen sind in 30 Jahren um mehr als die Hälfte geschrumpft. Das Ergebnis weiterer komplexer Berechnungsverfahren offenbart aber das eigentliche Dilemma: Unser ökologischer Fußabdruck – die benötigte Fläche, alle derzeit beanspruchten Güter und Dienstleistungen hervorzubringen – beträgt 13,7 Milliarden Hektar. Unser Verbrauch übersteigt um rund 20 Prozent die Produktivität der nachwachsenden Ressourcen. Wir zehren von der Substanz! Für den Einzelnen bedeuten die riesigen Zahlen Folgendes: Soll die Welt im Gleichgewicht bleiben, müsste jeder Mensch sich mit dem begnügen, was er aus knapp 1,9 Hektar erwirtschaften kann. Wie diese Fläche sich geographisch zusammensetzt, spielt dabei keine Rolle. Nun ist der durchschnittliche ökologische Fußabdruck der Menschheit seit 1961 jedes Jahr um 1,6 Prozent gewachsen und beträgt heute 2,3 Hektar pro Kopf. Aber dies ist eben nur ein Mittelwert und wie die oben beschriebene Verteilung des Konsums vermuten lässt, sind auch die „Schuhgrößen" sehr ungleich. Während die armen Länder mit den knapp zwei Hektar auskommen, viele sie gar nicht ausnutzen, brauchen die Reichen im Schnitt das Sechsfache. Die meiste Fläche verschlingt der Lebensstil, den man in den Arabischen Emiraten pflegt, mit über 10 Hektar pro Person, dicht gefolgt von den USA. Die Deutschen und Österreicher liegen mit knapp fünf Hektar an 21. Stelle im Mittelfeld der Nationen, die Schweizer kommen etwas besser weg. Diese Zahlen besagen zudem, dass den Industrieländern ihre eigenen Flächen nicht genügen, um ihren Wohlstand selbständig zu produzieren. Also müssen sie auch Flächen der Entwicklungsländer in Beschlag nehmen. Allein Deutschland braucht zusätzliche 6,3 Millionen Hektar. Erst diese ungleiche Belegung des Umweltraums ermöglicht uns unseren Lebens- und Konsumstil.

Nachhaltigkeit, oder wie heißt das?

Schreibt man die oben geschilderten Verhältnisse in die Zukunft fort, werden 2050 neun Milliarden Menschen längst die gesamten produktiven Flächen der Erde unter ihrem ökologischen Fußabdruck begraben haben. Kurz: Ohne deutliche Kurskorrekturen brauchen wir in 50 Jahren eine zweite Erde mit heutiger Ausstattung. Auf ihrer Konferenz in Rio haben sich 1992 die Nationen verpflichtet, dieses drohende Übel abzuwenden, indem sie sich dem Konzept der Nachhaltigkeit verpflichteten. Mit diesem sperrigen Begriff wissen laut einer Umfrage des deutschen Umweltbundesamtes nur rund 13 Prozent der Bevölkerung etwas anzufangen, die Idee dahinter ist aber sehr einfach: „Lebe so, dass die nächste Generation ihre Bedürfnisse ebenso befriedigen kann, wie Du es jetzt tust!“ Dieser Appell richtet sich an Regierungen wie Behörden, an Völker wie an jeden Einzelnen. Als wesentliche Voraussetzung einer nachhaltigen Entwicklung erkannte man in Rio überdies den sozialen Ausgleich zwischen den reichen und armen Nationen. Mehr noch: Ohne wirkungsvolle Bekämpfung der Armut wird es keinen globalen Umweltschutz geben. Je weniger Chancen die Menschen in den Entwicklungsländern bekommen, an einem fairen Handel teilzunehmen, je billiger sie uns mit ihren Rohstoffen versorgen müssen, umso höher wird der Druck auf sie, ihre natürlichen Ressourcen jenseits der Belastbarkeit auszubeuten. Der ehemalige deutsche Umweltminister Klaus Töpfer, heute Exekutivdirektor des Umweltprogramms der Vereinten Nationen (UNEP), fasst dies so zusammen: „In ihrer Wirkung auf Natur und Umwelt ist Armut die giftigste Substanz der Welt.“

Für unser Einkaufsverhalten bedeutet dies zweierlei: Zum einen, dass wir mit jedem Kauf – bewusst oder beiläufig – auch darüber entscheiden, wie die Umwelt am Herkunftsort des Produkts aussieht, wie das Leben der Menschen dort verläuft. Zum anderen erlaubt uns ein „weit gereistes“ Produkt, von den Auswirkungen unserer Kaufentscheidung, zunächst, keine Notiz nehmen zu müssen. Abholzung, Wassermangel, Bürgerkrieg – von all dem bekommen wir vor unserer Haustüre nichts mit, weil wir die aus unserem Konsum entstehenden Probleme andere ausbaden lassen. Das wirtschaftliche Kräfteverhältnis zwischen Nord und Süd ermöglicht uns relativ billigen und sicheren Konsum. Zugleich verhindert es, dass sich die sogenannten Entwicklungsländer umweltverträglich entwickeln können. Sie müssen das Spiel immer weiter nach unseren Regeln spielen, ohne je gewinnen zu können. Aber auch wir, die „Reichen“, haben uns in eine Zwickmühle manövriert. Unser derzeitiges Wirtschaftssystem funktioniert nur durch Wachstum angetrieben vom Umweltverbrauch. Und dieses Wachstum braucht neue Märkte. Um neue Märkte zu erschließen, müssen wir unseren Lebensstil exportieren. Unser Lebensstil funktioniert aber nur, wenn andere Länder ihn gerade *nicht* übernehmen, sondern uns weiter als Lieferanten billiger Rohstoffe zur Verfügung stehen.

Nachhaltiger Konsum kann beide Forderungen erfüllen: Den Umweltverbrauch zu reduzieren und durch fairen Handel Ländern des Südens eine Chance auf nachhaltige Entwicklung einzuräumen. Nachhaltiger Konsum verlangt bewussteres Konsumieren und ja, er bedeutet auch weniger Konsumieren. Es genügt nämlich nicht, lediglich ein Produkt durch ein anderes zu ersetzen. Wie oben gezeigt, ist das Konsumniveau der Industrieländer insgesamt zu hoch, bloße Effizienzsteigerungen werden dieses Problem nicht lösen: Wird mit der gleichen Menge Umwelt mehr produziert, ist die Verbesserung nur eine relative. Die Natur lässt sich indes nicht mit einem höheren Bruttoinlandsprodukt vertrösten, ökologische Nachhaltigkeit verlangt eine absolute Verbesserung. Solange Wachstum heutiger Prägung die relativen Verbesserungen kompensiert, treten wir bestenfalls auf der Stelle. Leider zeigt die Geschichte der Industriegesellschaften, dass Effizienzgewinne bislang stets als Sprungbrett zur weiteren Expansion dienten. Wolfgang Sachs vom Wuppertal Institut für Klima, Umwelt und Energie nennt dies die „Achillesferse der Globalisierung".

Jenseits von „Stillstand oder Untergang"

Der alte Leitsatz in Befehlsform „Wachse oder weiche!" steckt uns tief in den Knochen. Erstaunlich eigentlich, ist doch das Konzept des dauernden Wachstums der Wirtschaft in der Geschichte der Ökonomie recht jung. Seine Kraft bezieht es zu großen Teilen aus den Verheißungen des Konsums, die weit über das schlichte Bedarfsdecken hinaus gehen: Unterhaltung, Anerkennung, Trost, Gemeinschaft, Sinn. Und umgekehrt aus der Angst, ohne Konsum all dies zu verlieren. Fatal ist die Mischung aus der Magie, die der verzehrende Lebensstil der Reichen für die Ärmeren ausübt, und der Bereitschaft der Reichen, mit aller Macht daran fest zu halten. Die Präsidenten der USA – Sie erinnern sich an den Fußabdruck? – haben in den letzten Jahren mehrfach bekräftigt, dass der „American way of Life" nicht zur Debatte stehe. Aus dieser Haltung heraus lässt sich den Entwicklungsländern schlecht Enthaltsamkeit predigen, zumal dort Vielen das Nötigste fehlt.

Doch was ist eigentlich dran an der Behauptung, aus diesem Karussell gebe es gar kein Aussteigen? Eine Studie des Rheinisch-Westfälischen Instituts für Wirtschaftsforschung konnte für zwei wesentliche Elemente nachhaltigen Konsums – ökologische Produkte und gemeinsame Produktnutzung (siehe Kapitel 50: *Nutzen statt Bezitzen*) – nachweisen, dass sie für eine florierende Volkswirtschaft und mehr Beschäftigung sorgen, dabei weniger Abfall produzieren und Einkommen sichern. Zu vergleichbar günstigen Ergebnissen kommt ein Modell, das den Effekt langlebiger Konsumgüter untersucht: Der Umweltverbrauch sinkt, der Lebensstandard steigt.

Freilich, noch legen die politisch und wirtschaftlich Verantwortlichen umweltverträglichem Verhalten oft Steine in den Weg. Aber lassen Sie sich davon nicht aufhalten, und warten Sie nicht auf die Politik. Mag der nachhaltige Weg mitunter nicht der des Pfennigfuchsers sein, mittelfristig verhindert er, dass uns eine Rechnung präsentiert wird, die wir nicht mehr begleichen können. Sie sind auf diesem Weg auch nicht allein: Schon an die 25 Prozent der Deutschen aus allen Bevölkerungsgruppen zählen zu den sogenannten Postmaterialisten, die sich aus ökologischen oder ethischen Gründen für einen nachhaltigen Konsum entschieden haben. Worauf es ankommt, bringt Joachim Spangenberg, Vizepräsident des Sustainable Europe Research Instituts in Wien, auf den Punkt: „Nachhaltig konsumieren heißt, sich zu erinnern, dass das Bessere der Feind des Guten sein sollte, nicht das Billigere. ... Nachhaltige Lebensstile sind die Kunst des richtigen Verhaltens in falschen Strukturen. Deshalb braucht es beides – Politik von oben und Handeln von unten."

Anregungen dazu sollen Ihnen die letzten Kapitel dieses Buches geben.

42 Textil – Der Stoff, aus dem die Albträume sind

Rund 18 Kilogramm Kleidung pro Kopf verbrauchen wir jedes Jahr, mit anderen Textilien kommen wir auf 28 Kilogramm – das ist Weltspitze. Die Textilindustrie zählt jedoch zu den umweltbelastendsten Branchen überhaupt, und die Preise geben keinen Anlass, sich darüber Gedanken zu machen. Dies liegt u.a. am niedrigen Weltmarktpreis für Baumwolle: ca. 1 Euro (oder ca. 1,50 sFr) pro Kilogramm.
Baumwolle wird vor allem in China, Indien, den USA, Pakistan und Usbekistan angebaut, meist in trockenen Regionen. Das ist fatal, denn mit 25 000 Litern je Kilogramm spinnfähige Faser braucht diese Pflanze enorm viel Wasser – infolge der ständigen Bewässerung versalzen die Böden der Anbaugebiete. Weil Baumwollmonokulturen nicht nur durstig, sondern auch empfindlich sind, werden sie über 20-mal im Jahr mit Pestiziden eingedeckt.
Die noch folgenden bis zu zwanzig Arbeitsgänge auf dem Weg zum fertigen Kleidungsstück bergen ebenfalls Gefahren für Umwelt und Gesundheit: Bleichen, Färben, antimikrobielle Behandlung mit Bioziden usw. Etwa 90 Prozent der zur „Veredelung“ verwendeten Chemikalien spült das Abwasser weg, der Rest bleibt in der Faser und trägt dann klangvolle Namen wie: knitterfrei, wash and wear, rapid iron, Supercotton, antistatisch, Scotchgard...
Fast alle Textilien werden international produziert, bei uns sitzt oft nur noch die Verwaltung. Um Investoren zu gewinnen, haben viele Länder „freie Produktionszonen“ eingerichtet. Sie ermöglichen es, die ohnehin schwachen Arbeits-, Gesundheits- und Umweltvorschriften zu umgehen. Mittelbare Folgen sind, nach Angaben der WHO, jedes Jahr 28 000 Tote und 150 000 Vergiftungen durch Pestizide allein im Baumwollanbau, chemische Rückstände in der Viehzucht oder Arbeitszeiten von bis zu 77 Stunden wöchentlich in der Fertigung.

Wussten Sie schon...

- Weltweite Arbeitsteilung macht 's möglich: Ein Kleidungsstück in unseren Regalen hat während der Fertigung bis zu 19 000 Kilometer zurück gelegt.
- Der Transport vieler Textilien verschlingt doppelt soviel Energie wie ihre Herstellung inklusive aufwendiger Veredlung.
- Der Aralsee, einst das viertgrößte Binnenmeer der Erde, „versickert" in den anliegenden Baumwollplantagen. Deren Bewässerung hat bereits 70 (!) Prozent seines Volumens aufgezehrt, der Wasserspiegel ist seit 1960 um 13 Meter gesunken.
- Chemierückstände in einem Baumwollshirt können ein Drittel des Gewichts ausmachen.
- Der Abbau von Bimsstein für den „stone-wash-look" verwüstet ganze Landstriche.
- „Bio", „Natur" oder „Öko" sind keine geschützten Begriffe und garantieren keine höhere Qualität.

Tipps:

Unter den geschilderten Produktionsbedingungen muss der oberste Grundsatz lauten: Reduzieren Sie den Durchsatz in Ihrem Kleiderschrank. Achten Sie neben hoher Qualität auf das Material. Leinen oder Flachs belasten die Umwelt weniger als Wolle und Baumwolle. Viskose entsteigt entgegen mancher Werbeslogans erst nach langwierigen Behandlungen mit Natronlauge und Schwefelkohlenstoff einem Säurebad. Von Polyesterfasern ist generell abzuraten, die umweltverträglichste Kunstfaser ist Polyamid.
Vertrauen Sie Ihrer Nase und kaufen Sie keine Textilien, die „chemisch" riechen – häufig ist das Formaldehyd.
Bevorzugen Sie Kleidung, die nicht chemisch gereinigt werden muss. Zeigen Sie dem Handel, dass Sie auf umwelt- und sozialverträglich hergestellte Kleidung Wert legen. Baumwolle aus kontrolliert biologischem Anbau (kbA) finden Sie am ehesten bei Versandhäusern. Berücksichtigen Sie Textiletiketten: Das Gütesiegel „Naturtextil" (in den Auszeichnungsstufen „Better" und „Best") legt die strengsten Kriterien an und

bewertet die Auswirkungen entlang des *gesamten* Produktionsprozesses. Verbraucher erhalten eine Volldeklaration. Der „Öko-Tex-Standard 100" versichert, dass die Textilien keine gesundheitsgefährdenden Schadstoffkonzentrationen enthalten. Der Großteil unserer Kleidung erreicht noch nicht einmal diesen niedrigen Standard! „Öko-Tex Standard 1000" bezieht Produktionskriterien wie Abwasserbelastung, Emissionen, Abfall und Energieverbrauch mit ein. Das Europäische Umweltzeichen in Form einer Blume verspricht unterdurchschnittliche Umweltauswirkungen, die Kriterien greifen aber nicht sehr weit.

Und das kommt dabei raus:

Wenn Sie sich unabhängig von Vorgaben der Modebranche für hochwertige, langlebige Kleidung entscheiden, die Sie – beispielsweise zu Hause – auch noch tragen, wenn sie nicht mehr „galafähig" ist, sparen Sie langfristig eine Menge Geld und weichen einem veritablen Chemiecocktail aus. Mit jedem waschmaschinentauglichen Kleidungsstück sparen Sie sich die zusätzlichen Kosten für die chemische Reinigung. Doch wichtiger vielleicht ist, was Sie den Arbeiterinnen und Arbeiter und der Umwelt in den Herstellungsländern ersparen: Für kbA-Baumwolle sind Kunstdünger, Pestizide und Entlaubungsmittel tabu. Dadurch erhalten Bauern auch ein höheres Nettoeinkommen. Öko-Linien mancher Anbieter haben den Wasserbedarf beim Färben um mehr als 50 Prozent gesenkt und kommen ohne Chlorbleiche sowie Farbstoffe auf Schwerbenzinbasis aus. Die Verarbeitung muss an ein Abwasserreinigungssystem angeschlossen sein und Kinderarbeit ist verboten.

43 Schönheit muss leiden – Und die Umwelt gleich mit

Seit jeher betreibt der Mensch mit Kosmetik zweierlei: Körperpflege und Imagepflege. Nicht immer steht beides in ausgewogenem Verhältnis, wie der aufgepuderte Barock gezeigt hat. Unter den Perücken roch es meist gar nicht erquicklich. Heute schlägt das Pendel oft so weit in die andere Richtung aus, dass Hautärzte dringend vor Überreinlichkeit warnen. Kein Wunder, bergen Hygieneartikel doch ein Chemikalienarsenal von Alaun bis Xylol, das weder dem Körper noch der Natur gut tut. Nur einige Beispiele:

Polyzyklische und Nitro-Moschusverbindungen zaubern Duft in Parfums, Hautcremes, Seifen, Badezusätze oder Shampoos. Sie sind äußerst stabil und werden in Kläranlagen kaum abgebaut. Die EU hat für Kosmetika einige Nitro-Moschusverbindungen verboten, andere sind noch erlaubt. Will man die Haarfarbe ändern, um „seinen Typ zu entdecken“, müssen die Aromaten Phenylendiamin und Toluylendiamin ran, die wahrscheinlich Krebs auslösen und das Erbgut schädigen können. Kaum weniger bedenklich sind Resorcin und Alpha-Naphthol. Auch kein Spaß sind allgegenwärtige Konservierungsstoffe wie Triclosan – eine antibakterielle Chlorverbindung, deren verbreitete Anwendung bereits zur Bildung resistenter Keime geführt hat – oder das Allergie auslösende MDGN (Methyldibromo Glutaronitril), das die EU-Kommission sogar zu verbieten erwägt.

Naturkosmetik scheint die Lösung für Gesundheit und Umwelt, doch nicht alle Produkte mit dem Etikett „natürlich“ oder „Bio“ entsprechen den Richtlinien der Bio-Kosmetik. Zudem stehen auch hier die Rohstoffe nicht unbegrenzt zur Verfügung: Für Palmöl, eine wichtige Grundsubstanz aus Plantagenbau, werden im großen Stil indonesische Urwälder gerodet und etliche Heil- und Duftpflanzen werden so intensiv gesammelt, dass sie am Rand der Ausrottung stehen.

Wusstén Sie schon...

- Künstliche Moschusverbindungen lassen sich nicht nur überall im Regenwasser nachweisen, sondern überdies in der Muttermilch.
- In einem herkömmlichen Haarspray beträgt der Anteil wirksamer Substanzen nur 5 Prozent, 95 Prozent sind Lösungs- und Treibmittel.
- Umweltmediziner raten Schwangeren dringend vom Haarefärben mit der üblichen Chemie ab.
- Noch nicht einmal 10 Prozent der Deutschen, Österreicher oder Schweizer sind naturblond.

Tipps:

Überlegen Sie, was Sie wirklich brauchen. Es lohnt, sich ein wenig über die bedenklichen Inhaltsstoffe in Kosmetika kundig zu machen, z. B. mit Hilfe der Zeitschrift *ökotest*. Sie werden Inhaltsangaben mit ganz anderen Augen lesen.

Die Frage, ob Propan, Butan, Dimethylether oder sonstwas der richtige Ersatzstoffe für FCKW ist, erledigt sich, wenn Sie auf Mehrweg-Pumpzerstäuber umsteigen: kein Treibgas, kein Einwegmüll. Auch das Grundproblem aller Sprays, einatembare Partikel, fällt bei Pumpzerstäubern deutlich kleiner aus. Umweltverträgliche Sprays und Roller tragen einen Blauen Engel. Echte Nassrasierer sollten sich die paar Augenblicke gönnen, die es länger dauert, mit Seife und Pinsel aufzuschäumen, anstatt zur Schaumdose zu greifen.

Bei Zahnpasta bedeutet viel Schaum nicht viel Sauberkeit. Suchen Sie eine, die ohne das schäumende Natriumlaurylsulfat auskommt. Es reizt die Schleimhaut, greift vermutlich den Zahnschmelz an und belastet die Gewässer. Zahnbürsten mit auswechselbarem Kopf helfen, den „Müll aus dem Badezimmer“ zu reduzieren.

Tönungen scheinen etwas weniger gefährlich als Haarfärbemittel. Doch auch hinter dem Werbebegriff „Intensivtönung“ verbirgt sich die Chemie der Färbung, zu erkennen an den zwei Komponenten statt einer für Tönung. Pflanzenfarben stellen in der Regel eine geringere Belastung für Mensch und Umwelt dar, aber auch das kräftige Rot der Krappwurzel hat sich schon als krebserregend erwiesen.

Probieren Sie mal alternative Nagellacke auf Wasserbasis, dann können Sie sich den giftigen Entferner gleich schenken.
Bei der Auswahl natürlicher Alternativen können Sie sich am Logo *Kontrollierte Naturkosmetik* orientieren, das verbindliche Mindeststandards garantiert: künstliche Moschusverbindungen sind ebenso verboten wie Paraffine und andere Erdölprodukte, pflanzliche Rohstoffe stammen weitestgehend aus kontrolliert biologischem Anbau. Und für die Inhaltsstoffe muss man nicht in die Ferne schweifen. In Österreich erzeugt ein Großteil der Ökobauern auch Biokräuter.

Und das kommt dabei raus:

Kosmetika gehören bekanntlich zu den teuren Artikeln im Warenkorb, manche Badezimmer horten wahrhaft Reichtümer. Wenn Sie es schaffen, sich mit „kleinem, individuellen Besteck“ wohl zu fühlen, können Sie sich, den Gewässern und der Atmosphäre eine ganze Menge ersparen. Viele Tests ergaben, dass gerade die teuren Kosmetika mit überdurchschnittlich vielen Problemstoffen beladen sind.

44 Blühende Geschäfte – Augen auf beim Blumenkauf

Tulpen kommen aus Amsterdam, das hat uns der Schlager beigebracht. Dass Kolumbien der zweitgrößte Lieferant von Schnittblumen nach Holland ist, davon singt kein Lied. Und von den Anbaubedingungen dort und in den anderen Entwicklungsländern im Blumenbusiness erst recht nicht. Seit den sechziger Jahren wuchsen Gewächshäuser in der Hochebene um die kolumbianische Hauptstadt. Rund 200 Kilogramm Pestizide gehen jedes Jahr auf den Hektar nieder, 5-mal so viel wie in der deutschen Rosenzucht. Selbst international geächtete Pestizide wie DDT kommen hier noch zum Zug. Die Blumenindustrie beansprucht drei Vier-

tel des Wasservorrates rund um Bogotá für sich, so dass sich der Grundwasserspiegel bereits um 60 Meter gesenkt hat. Harte Arbeit, ungenügende Löhne und steter Gifteinsatz führen dazu, dass die Arbeiterinnen oft schon mit Mitte 30 invalide sind. Dies alles verstößt gegen kolumbianische Gesetze, doch der Staat kontrolliert ihre Einhaltung kaum. Ähnlich oder gar noch schlimmer sieht es in Sambia und Tansania aus.
Die Organisation FIAN setzt sich seit 1991 gemeinsam mit Brot für die Welt, terre des hommes und weiteren internationalen Organisationen für bessere Umwelt- und Sozialstandards in Blumenexportländern ein. Die Schweizer Supermarktkette Migros brachte im Jahr 1997 die ersten „fairen Rosen" aus Simbabwe auf den Markt und im Oktober 2003 wurde der erste Betrieb aus Kolumbien mit dem Gütesiegel des Flower Label Programms (FLP) ausgezeichnet.

Wussten Sie schon...

- Deutschland gilt als der weltweit größte Importmarkt für Schnittblumen.
- Jede dritte Rose oder Nelke auf dem Weltmarkt ist im unterprivilegierten Süden gewachsen.
- Die Deutschen geben im Jahr insgesamt 4 Milliarden Euro für 1,5 Millionen Tonnen Frischblumen aus – fast 13 Prozent der weltweit gehandelten Menge.
- Eine sambische Blumenarbeiterin verdient etwa 34 Euro im Monat. Davon gibt sie zwei Drittel allein für das Nötigste an Nahrungsmitteln für ihre Familie aus.

Tipps:

Wenn Sie Blumen schenken wollen, vergewissern Sie sich, dass Sie keinen Bund „Fleurs du Mal" in den Händen halten. Das FLP vergibt ein Gütesiegel für sozial- und umweltverträgliche Blumenproduktion. Das Zeichen garantiert u.a., dass existenzsichernde Mindestlöhne gezahlt und der Einsatz von Pestiziden, Düngern sowie anderen Chemikalien minimiert werden. Kinderarbeit ist verboten. Inzwischen arbeiten 60 Plantagen in sechs Ländern nach diesen Kriterien. Auf der Website von FIAN (www.fian.de) können Sie sortiert nach Ort bzw. Postleitzahl einen Blumenhändler in Ihrer Nähe suchen, der Blumen mit dem FLP-Siegel führt.

Eine gute Alternative bieten die Gärtnereien, die als Mitglieder der anerkannten ökologischen Anbauverbände Bio-Blumen anbauen. Sie lassen Nützlinge die Arbeit von Pestiziden machen, verwenden möglichst keinen Torf und sparen durch Kulturen mit niedrigem Temperaturbedarf Energie. Ein breit gefächertes Sortenspektrum sichert das Schnittblumenangebot von Ende April bis Anfang November.

Bio-Blumen bekommen Sie direkt in den Gärtnereien, auf Wochenmärkten oder über den Versandhandel.

Lassen Sie sich Ihre Blumen nicht in Kunststofffolie einwickeln. Die kurzlebige Verpackung verwandelt sich zu schnell in langlebigen Müll. Verlangen Sie eine Papierverpackung.

Und das kommt dabei raus:

Blumen aus ökologischem oder zumindest fairem Anbau finden Sie noch nicht an jeder Straßenecke, aber etwas Suchen lohnt sich: Einen FLP-Strauß können Sie mit gutem Gewissen auf den Tisch stellen und bei Bio-Blumen brauchen Sie keine Angst um Ihre Gesundheit haben, wenn Sie eine tiefe Nase voll nehmen.

45 Goldige Geschenke – Jedes Gramm kostet zentnerweise Natur

Für viele gehört es zur Hochzeit einfach dazu. Oder unter den Weihnachtsbaum. Finanzberater empfehlen es als ergänzende Geldanlage: Gold. In der Erdkruste kommt es fast ausschließlich gediegen vor, und zwar in geringen Mengen. Der Aufwand, es da rauszuholen hat natürlich seinen

Preis, den noch lange vor dem Käufer die Menschen und die Natur in den Schürfgebieten entrichten. Gut eine Tonne Erdreich muss man umwühlen für drei Gramm gebundenes Gold. Wird es dann ausgelöst, folgt der Verwüstung die Vergiftung. Denn um das Metall zu extrahieren, wird harte Chemie eingesetzt: Einzelkämpfer, die allerdings auch zu zehntausenden auftreten, benutzen Quecksilber, um das Gold zu amalgamieren. Wird das Amalgam verbrannt, bleibt Reingold zurück, während sich die Quecksilberdämpfe in der Umgebung niederschlagen. Sie führen bei Mensch und Tier zu irreversiblen Schäden des Nervensystems. Große Förderorganisationen spülen das Gold zum Abscheiden mit Alkalicyanidlösungen aus. Die Cyanidlauge wird nach Gebrauch in offenen Becken von der Größe eines Baggersees aufgefangen, in denen vor allem zahlreiche Vögel den Tod finden. Immer wieder brechen verwahrloste Becken und die Cyanidbrühe verursacht Massensterben in den umliegenden Gewässern. Andere Auswirkungen sind in Ghana zu sehen: Schwefeldioxid und Arsentrioxid aus den Schloten der Abbaubetriebe in Obuasi haben die umliegenden Hügel völlig entwaldet. Minenarbeiter und Einwohner Obuasis zeigen klinische Symptome einer Arsenvergiftung.
In den letzten Jahren sind zwar umweltverträglichere Trennmethoden auf den Markt gekommen, ohne harte Vorgaben für die Industrie werden sie sich aber nur langsam durchsetzen. Die ausgebeuteten Landstriche lassen sich kaum rekultivieren. In den ehemaligen Schürfgebieten im Harz sind die Schäden noch Jahrhunderte nach dem Abbau zu sehen. Hier wächst nichts außer Flechten.

Wussten Sie schon...

- Seit 1980 hat sich die weltweite Goldförderung nahezu verdreifacht, u.a. mit Unterstützung der Weltbank und der Deutschen Investitions- und Entwicklungsgesellschaft.
- Über 80 Prozent des Goldes werden zu Schmuckstücken verarbeitet, der technische Bedarf spielt mit etwa 13 Prozent eine untergeordnete Rolle.
- Der Abraum, der jährlich anfällt, füllt eine Schlange von 250-Tonnern, die einmal rund um den Äquator reichen würde.

- Allein in den Amazonas spülen Goldsucher jährlich rund 100 Tonnen Quecksilber.
- Nach Angaben der International Labour Organisation sterben jährlich 15 000 Menschen an den Folgen des Goldabbaus.

Tipps:

Da es nach Aussage von Juwelieren nahezu unmöglich ist herauszufinden, aus welchen Ländern das verarbeitete Gold stammt, oder ob und welche Umweltstandards dort eingehalten werden, sollten Sie sich vor dem Kauf von Goldschmuck überlegen, ob Ihnen die Zier am Ohr den Raubbau vor Ort wert ist. Verzichten Sie auf den Kauf von industriell gefertigtem Massen-Goldschmuck. Wenn es Gold sein soll, dann können Sie alte Schmuckstücke und andere goldlegierte Produkte umarbeiten oder recyclen lassen. Hierfür bietet sich Schmuck aus Nachlässen an, der keine persönliche Bedeutung für Sie hat. Goldschmiede und qualifizierte Fachgeschäfte können aus altem Gold problemlos neuen Schmuck nach Ihren Vorstellungen kreieren.

Und das kommt dabei raus:

Die Feinunze Gold kostet zur Zeit um die 400 US-Dollar. Eine ganze Menge für 31 Gramm Metall. Mit soviel Geld können Sie sich Schöneres leisten. Vielleicht eine Reise in Urwälder, die mangels Nachfrage vom Goldrausch verschont bleiben.

46 Teures Papier – ein Stück Urwald steckt in jedem weißen Bogen

Der Papierbedarf in Deutschland explodiert. Sind wir vor 30 Jahren noch mit 8,7 Millionen Tonnen ausgekommen, so sind es heute 17,5 Millionen Tonnen. Das heißt, vom Briefbogen bis zum Toilettenpapier verbrauchen wir 225 Kilogramm pro Kopf und Jahr, fast viereinhalb mal so viel wie der Weltdurchschnitt! Erschwerend hinzu kommt ein neuer Trend zu immer weißeren Büro- und Kopierpapieren. So ist in jüngster Zeit sowohl die Nachfrage als auch das Angebot an Recyclingprodukten stark geschrumpft: Nur noch jedes fünfte Schulheft besteht aus Altpapier und kaufen können Sie es in weniger als der Hälfte aller Schreibwarenläden und -abteilungen. Das mag u. a. daran liegen, dass etliche Hersteller ihre hochweißen Produkte mit selbst erfundenen Logos wie „... schützt den Tropenwald" als umweltfreundlich bewerben. Solche Aussagen verschleiern aber, dass auch dieses Papier großenteils aus Urwäldern stammt, nämlich denen des Nordens, z. B. Kanada. Echter Umweltschutz aber bedeutet, den Papierverbrauch zu senken und beim Papierkauf auf den Blauen Engel (in Österreich auf das Umweltzeichen) zu achten. Und den bekommt nur Recycling-Papier mit einem hohen Altpapieranteil. Papier mit diesem Logo lässt sich übrigens genau so gut bedrucken und lagern wie teurere Frischfaserpapiere, also hochweiße Papiere aus frischem Holz.

Wussten Sie schon...

- Schon ein 1-jähriges Kind in Mitteleuropa hat rechnerisch soviel Papier verbraucht wie ein 57-jähriger Inder. Deutschland allein verbraucht so viel Papier wie Afrika und Südamerika zusammen.
- Holzfrei bedeutet, dass das Papier keinen störenden Holzstoff enthält. Für dieses Papier wird aber überdurchschnittlich viel Holz verbraucht!

- Für Recycling-Papier müssen nur ein Drittel der Energie und ein Sechstel des Wassers aufgewendet werden, das für neues Frischfaserpapier nötig ist.
- Nur ein Fünftel des Holzes für unser Papier wächst in Deutschland, der Rest wird importiert. Österreich importiert ebenfalls große Mengen von Papiervorläuferstoffen, z. B. auch viel Altpapier.
- Die Papierproduktion frisst ebenso viel Energie wie die Herstellung von Stahl.
- Papier kann technisch 6- bis 7-mal recycled werden, zur Zeit erreichen wir jedoch mangels Nachfrage nicht einmal zwei Recycling-Umläufe.
- Auch Recycling-Papier gibt es in weißer Färbung. Beispielsweise das, das Sie gerade in den Händen halten.

Tipps:

Überlegen Sie am Computer, welche Dokumente Sie wirklich ausdrucken müssen. Oft genügt es, E-Mails am Bildschirm zu lesen. Wählen Sie im Druckmenü „2 Seiten pro Blatt". Verwenden Sie die Rückseite einseitig bedruckter Bögen als Konzept- oder Kopierpapier.
Machen Sie Ihr Statement als Papiersparer am Briefkasten: Bitte keine Werbung! So weisen Sie jedes Jahr bis zu 100 Kilogramm Papiermüll zurück.
Sie finden kein Recycling-Papier im Schreibwarenladen? Gehen Sie nicht frustriert mit hochweißen Seiten nach Hause, sondern fragen Sie gezielt Recycling-Papier nach. Kaufen Sie für Ihre Kinder Schulhefte und Blöcke nur aus Recycling-Papier mit dem Blauen Engel.
Ersetzen Sie Einweg-Wischtücher durch waschbare aus Stoff.
Wickeln Sie Überweisungen und ähnliche Vorgänge online ab – das geht häufig schneller als per Papierformular. Sammeln Sie Altpapier.

Und das kommt dabei raus:

Mit jedem Blatt Papier, das Sie ein zweites Mal benutzen, halbieren Sie Ihre Papierkosten. Recycling-Papiere sind im Schnitt ein Drittel billiger als hochweißes Frischfaserpapier.

47 Am Apparat – Umweltaspekte von Handy und Co.

Fersehalltag: Der Spaßmacher einer Comedy-Serie ist auf der Suche nach einem Opfer für seine Straßenwette. Eine junge Frau macht mit und setzt ihr Handy. Sie verliert, das Handy wird auf dem Gehsteig zertrümmert. Lustig! Das freut besonders die Hersteller, werben sie doch gerade mit dem Lifestyle, den ihre Erzeugnisse „ausströmen". Die ökologischen und sozialen Auswirkungen der Unterhaltungselektronik sind allerdings gar nicht lustig. Eine besonders tragische Rolle spielt der Werkstoff Colombo-Tantalit, kurz Coltan, der für die Herstellung immer leistungsstärkerer Handys, Laptops und Playstations benötigt wird. Eine der wenigen Lagerstätten liegt in der Demokratischen Republik Kongo, wo seit Jahren gewaltsame Auseinandersetzungen stattfinden, die sich hauptsächlich um Zugang zu, Kontrolle von und Handel mit fünf mineralischen Ressourcen drehen, darunter Coltan. Überdies droht der Krieg, den Kahuzi-Biega Nationalpark zu zerstören. Das UNESCO-Weltkulturerbe beheimatet zahlreiche seltene Tierarten, beispielsweise eine der letzten Gorillapopulationen.

Auch jene Komponenten, die auf weniger dramatischem Weg in unsere Geräte gelangen, fallen durch einen überdurchschnittlichen Bedarf an Rohstoffen, Energie und Wasser auf, u.a. für ihren Transport rund um den Globus. Der Lebenszyklus von Produkten der IT-Branche ist verglichen mit anderen Waren und angesichts der enormen Ressourcen, die sie schlucken, erstaunlich kurz. Am Ende ihres schnellen Lebens werden die gestern noch begehrten Teile zu Elektronikschrott, der es in sich hat: Schwermetalle, giftige Flammschutzmittel, jede Menge Kunststoffe usw. Weder für Entsorgung noch Verwertung existieren schlüssige Konzepte.

Wussten Sie schon...

- „Der Kongo wird systematisch ausgeplündert", hält die UNO in mehreren Berichten fest, die die USA und Deutschland als wichtigste Coltan-Abnehmer identifizieren.

- Taiwan schränkt die Wasserversorgung des Reisanbaus ein, um die Versorgung der Halbleiterwerke sicherzustellen.
- Der Betrieb der deutschen Mobilfunknetze beansprucht schon heute über 1 Milliarde Kilowattstunden Strom, 2010 wird es wahrscheinlich das Vierfache sein. Allein für Informations- und Kommunikationsanwendungen werden dann 8 Großkraftwerke arbeiten müssen.
- Die weltweite PC-Fertigung braucht so viel Energie wie die Millionenstadt München – einschließlich Verkehr und Industrie.
- In Deutschland fallen jährlich 1,1 Millionen Tonnen Elektronikschrott an. Ab September 2005 sind die Hersteller verpflichtet, Altgeräte zurück zu nehmen.

Tipps:

Für die ressourcenintensive Unterhaltungselektronik gilt ein alter Leitsatz in besonderem Maße: Kaufen Sie lieber hochwertige, langlebige und womöglich reparable Produkte.
Mit dem Leistungsspektrum der Geräte steigt auch ihr Energiehunger. Konfigurieren Sie die vorgesehenen Energiespar-Features neuer Rechner oder lassen Sie sich dabei helfen. Ältere Modelle haben die zwar manchmal nicht, verbrauchen aber auch deutlich weniger Strom. Wenn Sie nur „einfache" Arbeiten am Rechner durchführen, wie Textdokumente erstellen, versuchen Sie möglichst lange mit einem Computer auszukommen. Sollte mal etwas haken, fragen Sie – hartnäckig – nach Reparaturmöglichkeiten. Jede wichtige Komponente eines Rechners lässt sich so ersetzen, dass sie sich nach 1 bis 2 Monaten ökologisch amortisiert hat. Ab dann spart die Reparatur gegenüber der Neuanschaffung viel Energie.
Wiederverwenden vor Wiederverwerten: Selbst wenn künftig Recyclinganforderungen greifen, werden sie letztlich so niedrig sein, das mit einem alten Gerät 95 Prozent der ursprünglich eingesetzten Energie in die Tonne gehen. Funktioniert ein Gerät noch, versuchen Sie, es zu verkaufen oder zu verschenken. Moderne Elektronik ist randvoll mit umweltgefährden-

den Stoffen. Lassen Sie daher endgültig Kaputtes fachgerecht entsorgen. Und: Handys nicht als Wetteinsatz missbrauchen...

Und das kommt dabei raus:

Auch wenn Handys heute nicht mehr wie Anfang der neunziger Jahre noch über 800 Euro kosten, zahlen doch Menschen in den Entwicklungsländern und die Biosphäre einen hohen Preis für sie und ihresgleichen. Wenn Sie genau wissen, was ein Computer oder ein Handy wirklich leisten muss, um Ihre Anforderungen zu erfüllen, können Sie sich einiges an Geld sparen.

48 Ein Souvenir aus Tier – Vorsicht beim Kauf exotischer Arten

Der Traumurlaub in Afrika geht zu Ende und ein typisches Andenken soll noch lange schöne Erinnerungen wachrufen? „Schauen wir mal zu den Souvenirhändlern auf den Markt" – Vorsicht, mit diesen Worten begeben Sie sich eventuell schon auf den Weg in die Illegalität oder beschleunigen unwissentlich das weltweite Artensterben. Jeden Tag verschwinden etwa 70 Tier- und Pflanzenarten. Der häufigste Grund ist die Zerstörung ihres Lebensraums, doch bereits auf Platz zwei folgt der ungehemmte Handel – für Souvenirs, Haustiere, Luxusartikel oder Arzneien.
Das wichtigste internationale Gesetz, das den Handel mit seltenen Arten regelt, ist das Washingtoner Artenschutzübereinkommen (CITES) von 1973. Es listet rund 5 000 Tier- und 25 000 Pflanzenarten, die im Bestand oder vom Aussterben bedroht sind. Bei dieser Menge verlieren Händler, Touristen, Sammler und Halter leicht den Blick, wo sie die Grenze zur Illegalität überschreiten. Schlimmer noch: Mittlerweile hat das organisierte Verbrechen den Artenhandel als lukrativen Geschäftszweig entdeckt.

Illegaler Besitz bedrohter Arten ist kein Kavaliersdelikt und kann empfindliche Geld- oder Haftstrafen nach sich ziehen. Der Handel mit seltenen Arten bleibt ein Drahtseilakt zwischen einer verkraftbaren Nachfrage, die dazu führen kann, dass natürliche Biotope um ihrer „Produkte“ willen geschützt werden, und der heillosen Übernutzung.

Wussten Sie schon...

- Zahlreiche Souvenirs mögen im Herkunftsland legal angeboten werden, sie nach Europa einzuführen kann dennoch illegal sein.
- Die meisten wilden Tiere und Pflanzen muss der EU-Zoll bei Touristen beschlagnahmen, die ihre „Mitbringsel“ ohne Genehmigungen einführen.
- Etwa 24 Millionen Seepferdchen werden jedes Jahr aus den Weltmeeren gefischt, Europa gehört zu den größten Abnehmern.
- Nachweislich kontrollieren kriminelle Gruppierungen einen Teil des Kaviarhandels. Ein (!) großer Beluga-Stör bringt bis zu 200 000 Euro, die meisten der 27 Stör-Arten sind indes durch Überfischung bedroht.
- Der weltweite Schmuggel mit wildlebenden Tieren und Pflanzen setzt jährlich über 4 Milliarden Euro um. Nur im Drogen- und Waffenhandel liegen die Gewinnspannen höher.

Tipps:

Für etliche Souvenirs gilt: liegenlassen. Zu den häufigsten beschlagnahmten Artikeln zählen Produkte aus Reptilienleder, Fechterschnecken und Korallen, Schildpatt, Elfenbein, Orchideen und Kakteen, Mäntel aus Leoparden- oder Tigerfell, Schnitzereien aus seltenen Holzarten und leider oft lebende Papageien, Raubvögel, Skorpione – sogar Affen.
Wenn Sie ein Aquarium oder Terrarium zu ihrem Hobby machen wollen, suchen Sie Arten aus, die nicht bereits stark dezimiert sind. Fast auf jedes exotische Tier, das es bis in den Handel schafft, kommen Dutzende bis Hunderte Artgenossen, die das Einfangen oder den Transport nicht überleben. Etliche Arten eignen sich auch einfach nicht für die Gefangenschaft, Seepferdchen z. B. gehen eigentlich zuverlässig ein. Lassen Sie

sich in der Zoohandlung die Papiere zeigen, die den legalen Import dokumentieren. Bei ausweichenden Antworten des „Fachhändlers" sollte Ihre Alarmglocke läuten.
Wenn Sie sich für bestimmte Arten interessieren, erkundigen Sie sich bei den zuständigen Behörden für Naturschutz über deren Schutzstatus.
Das Siegel des Marine Aquarium Council (MAC) steht für relativ umweltverträglichen Handel mit Zierfischen.

Und das kommt dabei raus:

Wer vom Zoll mit Schlangen im Reisegepäck erwischt wird, kann sich nicht damit herausreden, er hätte nichts von der Bedrohung der Tiere gewusst. Das Bußgeld kann bis zu 36 000 Euro betragen, in schweren Fällen drohen bis zu fünf Jahre Gefängnis. Spielen Sie lieber eine Rolle in den Erfolgsgeschichten des Artenschutzes: Froschschenkel gelten nicht mehr als fein und während vor dreißig Jahren fast alle 23 Krokodilarten kurz vorm Aussterben standen, kann heute Entwarnung gegeben werden. Diese Beispiele zeigen, dass Verbraucherverhalten Entscheidendes bewirken kann. Wenn Sie sich wirklich für eine Tierart begeistern, sparen Sie sich das Geld für dubiose Händler und gönnen Sie sich eine Reise, z. B. mal eine Safari. Ihre wahre Natur zeigen Tiere ohnehin nur in freier Wildbahn.

49 Gut Holz – Zeigen Sie Raubbau die Rote Karte

Die meisten von uns wissen, dass unser Überleben maßgeblich vom Fortbestehen der großen Waldgebiete abhängt. Dennoch werden jährlich fast 20 Millionen Hektar Regenwald vernichtet und „verschönern" als Gartenmöbel, Fenster- und Bilderrahmen oder Parkettböden großenteils auch deutsche Heime. Auch in großer Distanz werden wir die Fol-

gen des Raubbaus über kurz oder lang am Klima spüren, vor Ort sind sie schon jetzt gravierend.
Selbst wenn nur wenige Stämme aus einem Hektar geschlagen werden, bleibt vom Rest kaum etwas übrig, nachdem der Baumriese gefallen und zerlegt ist. Auf bis zu 70 Meter breiten Trassen stoßen die Transporter der Holzfirmen in die Wälder vor und mit ihnen pendeln Wilderer an ihren „Arbeitsplatz": Unter der Bezeichnung *Bush Meat* bieten sie den Holzfirmen und auf den Märkten Wild aus den Wäldern an, erschreckend oft auch Menschenaffen. Inzwischen sind alle sechs Primaten-Arten vom Aussterben bedroht. Kaum besser ergeht es den Waldvölkern, die, wenn nicht umgebracht, zumindest vertrieben werden.
Der einheimischen Bevölkerung tut man mit dem Kauf illegaler Holzprodukte nichts Gutes: Die Holzfäller bringt ihr Lohn gerade so über den Tag, außer einer mafiösen Oberschicht verdient vor Ort niemand.
In krassem Widerspruch zu all dem wiegen wertlose Zertifikate die Verbraucher in Sicherheit – pauschale Erklärungen, die sich Regierungen oder Holzfirmen selbst ausstellen. Indonesien z. B. belegt Platz 6 auf der Liste der korruptesten Staaten und kein anderes Land weltweit verliert so schnell so viel Wald.
Tropenhölzer stammen mit gut 80-prozentiger Wahrscheinlichkeit aus zerstörerischem Raubbau. Doch woran erkennt man sie? Fast jeder kennt – wenigstens dem Namen nach – Mahagoni oder Teak als typische Tropenhölzer, kaum jemand dagegen die ebenso angebotenen Meranti, Balau oder Iroko. Zudem spart der Handel nicht mit irreführenden Bezeichnungen: Selbst hinter Angaben wie „Buche dekor" können sich Tropenhölzer verbergen. Auch die Färbung hilft nicht weiter: Makassar und Melapi könnten als heimisches Nadelholz durchgehen.

Wussten Sie schon...

- Deutschland gehört mit Frankreich, Italien, Spanien, Portugal und China zu den größten Importeuren afrikanischer Tropenhölzer.
- Jede Minute vernichtet Abholzung tropische Waldflächen in der Größenordnung von 35 Fußballfeldern.

- Aus Tropenholz werden keineswegs nur Luxusartikel gefertigt. Ein großer Teil endet als Sperrholz, Besenstiel, Grillkohle oder Klodeckel.
- Die Regenwälder stabilisieren das Klima – allein der Wald im Amazonas speichert 120 Millionen Tonnen Kohlenstoff – und bergen das größte genetische Reservoir: Hier leben etwa 30 Millionen Tier- und Pflanzenarten, die meisten noch unerforscht.
- Länder wie die Elfenbeinküste, die früher zu den wichtigen Tropenholzexporteuren gehörten, müssen heute sogar Holz einführen.

Tipps:

Am besten, Sie entscheiden sich für Holz aus heimischen Wäldern. Gartenmöbel aus Robinie, Eiche und Esskastanie vertragen Regenwetter ebensogut wie Teak. Lärche und Kiefer halten trocken gelagert auch lange. Und Grillkohle muss wirklich nicht aus Urwäldern kommen. Das Problem dabei: Sie können sich auf die meisten Herkunftsangaben kaum verlassen. Fragen Sie vor einem Kauf also hartnäckig nach der genauen Herkunft von Hölzern oder Holzprodukten. Zwar dürfen Sie eine kompetente oder ehrliche Antwort nicht unbedingt erwarten, aber lassen Sie sich nicht mit Wischi-Waschi-Aussagen abspeisen und signalisieren Sie, dass Ihnen die Vorgeschichte eines Produkts nicht gleichgültig ist.
Fallen Sie nicht auf Schein-Zertifikate wie „aus staatlich betriebener" oder „kontrollierter Forstwirtschaft" herein. Der Malaysische Holzzertifzierungsrat *MTCC* hat sich ein eigenes, aber wertloses „Ökolabel" kreiert und aus Myanmar, dem ehemaligen Burma, kommen Unbedenklichkeitsversicherungen der Myanmar Timber Enterprise. Faktisch hat die dortige Militärdiktatur mit Raubbau den Bürgerkrieg finanziert. Auch Holz mit dem PEFC-Siegel kann aus Kahlschlägen in Urwäldern stammen. Immer häufiger werden Produkte aus „Plantagen" angepriesen. Für diese Plantagen wurde meist Urwald gerodet, außerdem laugen sie die nährstoffarmen tropischen Böden schnell aus.
Von allen Zertifikaten garantiert das Siegel des Forest Stewardship Councils die höchsten ökologischen und sozialen Standards. Es ist damit das glaubwürdigste, zur Zeit vielleicht das einzig glaubwürdige Gütezeichen für Holz und Holzprodukte – nicht nur tropischer Herkunft.

Mehrere Baumarktketten führen Produkte mit dem FSC-Siegel, ebenso bekannte Möbel- und Papierhersteller.

Und das kommt dabei raus:

Es ist sicher einzusehen, dass Holz aus umwelt- und sozialverträglicher Waldwirtschaft nicht so billig sein kann wie Rohstoffe aus rücksichtslos ausgeplünderten Wäldern. Bei einheimischem Holz fallen allein schon die höheren Löhne ins Gewicht, für FSC-Holz beträgt der Aufpreis zwischen 2 bis 10 Prozent. Auf dem Preisetikett eines billigen Gartenstuhls aus Tropenholz müsste indes geschrieben stehen: „Hergestellt ohne Naturschutz, ohne Lohn, ohne Sozialversicherung, ohne Skrupel".
Wer Tropenholz kauft, muss sich über die Folgen im Klaren sein: Über die Hälfte der Tropenwälder ist bereits verschwunden. Geht es weiter wie bisher, wird vielleicht schon die nächste Generation ihr Ende miterleben. Und von einem stabilen Klima wird dann keine Rede mehr sein.

50 Nutzen statt Besitzen – Es muss nicht immer „meins" sein

Löcher bohren, Regal aufhängen, geschafft! Endlich ein Platz, wo Sie die Bohrmaschine verstauen können, bis Sie sie wieder brauchen – irgendwann, in vielen Monaten. Ist Ihnen schon mal der Gedanke gekommen, dass Sie, um etwas aufzuhängen, eigentlich gar keine Bohrmaschine brauchen, sondern ein Loch in der Wand? Das soll keine Haarspalterei sein, sondern den Unterschied verdeutlichen zwischen einem Ding und seinem Nutzen. Und dieser Nutzen ist auch durch Leihen, Tauschen oder Teilen zu haben. Gerade Dinge, die viel Ressourcen beanspruchen, aber relativ selten eingesetzt werden, bieten sich zum Mieten, Leasen oder einfach gemeinsamen Nutzen an: Bohnermaschinen, Dampfstrahler, Partyzelte usw. In Fachkreisen ist man sich einig, dass der erreichte Wohlstand nur zu erhalten ist, wenn es gelingt, aus den verfügbaren Ressourcen etwa 10-mal so viel wie bisher heraus zu holen. Ein wesentlicher Beitrag besteht darin, Güter nicht nur länger, sondern auch intensiver zu nutzen. Hochwertige, aufwändige Produkte, die den Großteil ihrer Lebenszeit in der Abstellkammer verbringen, können sich kaum bezahlt machen.

Wussten Sie schon...

- Eine Waschmaschine im Haushalt läuft in zehn Jahren etwa 3000-mal, im Waschsalon dagegen 30000-mal.
- Landwirte schließen sich seit Langem zum Kauf großer Geräte in Maschinenringen zusammen.
- In jeder größeren deutschen Stadt existieren Tauschringe, in denen Waren gegen Waren oder Dienstleistungen angeboten werden.

Tipps:

Machen Sie den Schritt vom Besitzer zum Nutzer. Kaufen Sie Leistung statt Produkte. Was liegt näher, als sich mit Freunden vor dem Kauf von Geräten abzusprechen, um einen privaten „Maschinenring" aufzubauen. Sie sollten sich allerdings so gut verstehen, dass Terminabsprachen und Reparaturfragen reibungslos ablaufen. Viele Heimwerkermärkte haben den Bedarf erkannt und bieten Maschinen auch zum Verleih an. Wer will schon eine eigene Motorsäge?

Bürgerzentren bieten eine gute Gelegenheit, gemeinsam genutzte Werkstätten einzurichten. Gewiefte Bastler können hier fachkundige Anleitung geben und im Gegenzug vielleicht Unterstützung bei einem Computerproblem bekommen.

Mieten und testen Sie verschiedene Geräte vor einem Kauf. Vielleicht stellt sich dabei heraus, dass Sie gar kein eigenes benötigen. Börsen für gemeinsames Besitzen können eine ganze Region bedienen*. Verbraucher- und Umweltschutzorganisationen haben in zahlreichen Regionen Verleih- und Reparaturführer zusammen gestellt. Diese Einrichtungen

* *zum Beispiel: www.nutzbar.de*

geben auch Auskunft zu „Nutzen statt Besitzen“ in Ihrer Nähe, fragen Sie nach.

Und das kommt dabei raus:

Das Konzept Nutzen statt Besitzen kann Ihnen in vielen Fällen bis zur Hälfte der „Besitzkosten“ sparen. Das Institut für Zukunftsstudien und Technologiebewertung rechnet am Beispiel eines Vertikutierers vor, dass bei der Neuanschaffung zum Preis von 500 Euro (oder ca. 767 sFr) und zweimaligem Einsatz im Jahr die alleinige Nutzung 85 Euro (oder ca. 130 sFr) pro Jahr, die Miete eines solchen Gerätes etwa 50 Euro (oder ca. 77 sFr) im Jahr und die gemeinschaftliche Nutzung mit einem Nachbarn nur 42,50 Euro (oder ca. 65 sFr) kosten würde. Die Rechnung basiert auf Wartungskosten von 50 Euro (oder ca. 77 sFr) und Betriebskosten von 3 Euro (oder ca. 5 sFr) pro Jahr bei einer Nutzungsdauer von 15 Jahren. Klar, das Konzept ist bei Herstellern und Einzelhandel nicht beliebt, weil sie zur Zeit noch so wirtschaften, dass ihr Gewinn davon abhängt, möglichst viel Rohstoffe in Waren umzusetzen und diese loszuschlagen. Bleibt die Produktverantwortung aber beim Hersteller, verschieben sich auch seine Interessen: Güter sollen dann möglichst lange halten, wenig Energie und wenig Ressourcen verbrauchen.

51 Gut angelegt – Wohin mit all dem Geld?

Sie haben Geld übrig, z.B. durch Sparmöglichkeiten, die Sie auf den vorigen Seiten kennen gelernt haben? Vielleicht möchten Sie es Gewinn bringend anlegen. Investitionen in Edelmetalle und Wertpapiere führen aber oft auf Umwegen zu Schaden. Etliche Geldanlagen fließen in ökologisch und sozial unverträgliche Geschäfte, oft ohne Wissen der Anleger. Es geht auch anders: Eine wachsende Anzahl von Kleinanlegern und Großinvestoren beweist, dass auch Grünes Geld Rendite abwirft. Nachhaltige Anlagen berücksichtigen ausgewogen ökologische, soziale und finanzielle Kriterien. Grüne Aktien können von Umwelttechnikunternehmen ausgegeben werden, von jungen Unternehmen mit besonders ökologischen Fertigungsprozessen oder auch von Großunternehmen, die in ihrer Branche durch überdurchschnittliche Umwelt- und Sozialstandards hervorstechen. Viele Anleger wollen nicht nur wissen, dass ihre Geldanlage sauber ist. Sie verlangen zudem, dass ihr Investment einen Beitrag zur Verbesserung der Umwelt leistet. Das Carbon Disclosure Projekt (CDP), ein internationales Bündnis aus Banken, Versicherern und Pensionsfonds, verlangt von den 500 größten börsennotierten Konzernen der Welt, ihre Kohlendioxidbilanz und Klimastrategien offen zu legen. Unternehmen, die sich verweigern, droht das CDP, Kapital zurück zu ziehen.

Wussten Sie schon...

- Vorreiterländer der Idee sind Großbritannien und die USA. Hier bestimmt Grünes Geld schon über 10 Prozent des Anlagemarktes.
- Ohne Grüne Geldanlagen wären viele ökologisch orientierte Unternehmen nie gegründet, umweltfreundliche Projekte nicht gestartet worden.
- Unternehmen mit einem effektiven Umweltmanagement machen genauso gute Gewinne und grüne Fonds liefern eine ebenso gute Performance wie die konventionelle Konkurrenz.

- Vergleichbar dem DAX zeigt der NAI (NaturAktienIndex) die Unternehmensentwicklung von zwanzig umweltverträglichen Firmen aus elf Ländern an.
- Ende 2003 konnten Anleger zwischen 80 verschiedenen ethisch-ökologischen Investments wählen.

Tipps:

Lassen Sie doch mal Ihr Geld „die Welt retten". Seitdem auch die großen Banken und Versicherungen im Bereich grüner Geldanlagen aktiv sind, bietet der Markt für die meisten Kategorien von Finanzprodukten grüne Varianten, seien es Aktien, Investmentfonds, Rentenpapiere oder Zertifikate. Inzwischen existiert sogar eine Reihe von entsprechenden Produkten für Anleger, die sehr liquide Geldanlagen benötigen.
Manche Finanzberater bestreiten noch den Ertrag grüner Anlagen. Lassen Sie sich dadurch nicht verunsichern: Es stimmt nicht. Nur wenige Banken haben Anlageberater, die sich mit grünem Geld auskennen. Ausgemachte Öko-Spezialisten sind die EthikBank eG, die GLS Gemeinschaftsbank eG und die Umweltbank AG.
Wenn Sie sich für Aktien oder Direktbeteiligungen entscheiden, können Sie sich oft ein ganz gutes Bild davon machen, wohin Ihre Ersparnisse fließen. Bei Fonds oder Sparkonten ist das schon schwieriger. Kein Bereich grüner Geldanlagen hat sich in den letzten Jahren so schnell entwickelt wie Investmentfonds. Der Boom hat schwarze Schafe angelockt. Transparenz sollen europaweite Leitlinien schaffen, die die Anbieter von Öko-Fonds einführen. Schutz bietet auch ein Blick in die graugrüne Liste der Zeitschrift Öko-Invest oder die schwarze Liste der Verbraucherzentrale Berlin.
Am besten, Sie machen sich selbst kundig. Besonders, wenn Sie in Grüne Fonds investieren wollen, sollten Sie nicht ohne eine eigene Vorstellung ins Gespräch mit Ihrer Bank gehen. Einen guten Einstieg in die Thematik vermittelt Ihnen die Broschüre des deutschen Umweltministeriums *Mehr Wert – Ökologische Geldanlagen*. Fortgeschrittenen empfiehlt sich *Grünes Geld – Jahrbuch für ethisch-ökologische Geldanlagen* des Öko-Invest Experten Max Deml.

Und das kommt dabei raus:

Mit Geld können Sie viel bewegen, auf die Richtung kommt es an. Wird Kapital gebündelt, entsteht eine Kraft, die unökologische Unternehmensaktivitäten stoppen kann. Besonders wirksam sind da Fonds oder Lebensversicherungen. Als Großanleger können diese die Unternehmen drängen, ihre Umweltleistungen zu verbessern. Noch wird diese Möglichkeit zu wenig genutzt. Erschließen Sie sich als Anleger dieses Potenzial für den Umweltschutz.

Danksagung:

Mein Dank gilt all jenen in Deutschland, Österreich und der Schweiz, die mit ihrer großzügigen Unterstützung dieses Buch erst möglich gemacht haben, im Besonderen den Mitarbeiterinnen und Mitarbeitern folgender Institutionen und Organisationen:

Allgemeiner Deutscher Automobil Club, Allgemeiner Deutscher Fahrrad-Club, Arbeitsgemeinschaft ökologischer Landbau, Bodenbündnis europäischer Städte und Gemeinden, Bundesamt für Umwelt, Wald und Landschaft, Bundesministerium für Umwelt, Naturschutz und Reaktorsicherheit, Bund für Umwelt und Naturschutz Deutschland, Bundesverband CarSharing, Bundesverband Deutscher Industrie und Handelsunternehmen für Arzneimittel, Reformwaren, Nahrungsergänzungsmittel und Körperpflege, Deutsche Energieagentur, Deutsche Gesellschaft für Sonnenenergie, Deutsches Institut für Urbanistik, Fachagentur Nachwachsende Rohstoffe, FoodFirst Informations- & Aktions-Netzwerk, Forest Stewardship Council, Fraunhofer IZM, GEW RheinEnergie, Global 2000, GermanWatch, Greenpeace, Initiative 2000plus, Inobat, Naturschutzbund Deutschland, Niedrig Energie Institut Detmold, Pro Natura, Öko-Institut Freiburg, ökotest, Rat für Nachhaltige Entwicklung, Rettet den Regenwald, Transfair, Umweltbundesamt Berlin, Umweltbundesamt Wien, Verkehrsclub Deutschland, Verkehrsclub Österreich, Verkehrsclub der Schweiz, Verbraucher Initiative, Verbraucherzentrale Bundesverband, World Wide Fund for Nature.

Köln im September 2004
Andreas Schlumberger